▶ 新闻学国家特色专业系列教材

dian shi xian chang zhi zuo yu dao bo

电视现场制作与导播

汪 洋 孙 力 汪黎明 著

南京师范大学出版社
NANJING NORMAL UNIVERSITY PRESS

图书在版编目(CIP)数据

电视现场制作与导播 / 汪洋，孙力，汪黎明著.—南京：南京师范大学出版社，2010.12（2019.7 重印）

（新闻学国家特色专业系列教材）

ISBN 978-7-5651-0301-8/G·1546

Ⅰ.①电… Ⅱ.①汪… ②孙… ③汪… Ⅲ.①电视节目 - 制作 - 高等学校 - 教材②电视工作 - 播送业务 - 高等学校 - 教材 Ⅳ.①G222

中国版本图书馆 CIP 数据核字(2010)第 263370 号

书　　名	电视现场制作与导播
作　　者	汪　洋 孙　力 汪黎明
丛书策划	林荣芹 王　涛
责任编辑	何黎娟
出版发行	南京师范大学出版社
地　　址	江苏省南京市宁海路 122 号(邮编:210097)
电　　话	(025)83598077(传真) 83598412(营销部) 83598297(邮购部)
网　　址	http://press.njnu.edu.cn
电子信箱	nspzbb@njnu.edu.cn
印　　刷	兴化印刷有限责任公司
开　　本	787×1092 1/16
印　　张	9.75
字　　数	216 千
版　　次	2011 年 1 月第 1 版 2019 年 7 月第 7 次印刷
书　　号	ISBN 978-7-5651-0301-8/G·1546
定　　价	36.00 元

出 版 人 闻玉银

总 序

教材是教师和学生据以进行教学活动的材料，是教学的主要媒体。教材又被称之为“课本”，谓其乃课程之本，更突显了教材在教学活动中的重要地位。因此教材建设历来与基础设施建设、师资队伍建设并称为学校的三项基本建设。

新中国的历史上曾出现过多次高等学校教材编写的高潮。1951 年 3 月，经政务院文化教育委员会批准专门成立了高等学校教材编审委员会，负责调查并搜集国内外高等学校教科书、教学参考书及其他有关资料，制定高等学校教材的编辑与翻译计划，特约专家、教授审查及编译高校教材，形成了第一个编写高潮。到了 1961 年，经历了大跃进和苏联专家撤走的冲击与影响，高等学校贯彻执行“调整、巩固、充实、提高”的方针，中共中央书记处指示教育部与国务院有关部门一起着手解决高校与中专学校教材问题，要求当时高校教材建设分两步走，“先解决有无，后逐步提高”，对现有教材本着“未立不破”的原则，采取“选”、“编”、“借”的办法解决新教材问题，形成了第二个建设高潮。经过十年“文革”浩劫，到了 1977 年高校恢复高考招生时面临了又一次“教材荒”，邓小平同志亲自过问教材问题和抓教材建设，指出“教书非教最先进的内容不可”。教育部组织重新编写和试行大、中、小学各科全国通用教材，从 1978 年 9 月开始投入使用，形成了第三次教材编写高潮。随着社会主义现代化建设的蓬勃发展和高校教材多样化需求的日益强烈，进入 20 世纪 90 年代以后，高校教材的陈旧和过于统一的问题再次突显出来。1991 年 11 月国家教委发布了《教师编写教材若干问题的暂行规定》，制定了一系列的政策、措施和制度，鼓励和支持教师编写高质量的教材。后来，教育部又提出并实施了“面向 21 世纪教学内容与课程体系改革计划”，在这一轮以课程为核心的教育教学改革中，涌现出一大批面向 21 世纪的新教材，形成了第四次高校教材建设的高潮。

高校的教材建设、教材编写有着自身的客观规律和基本要求。那种脉冲式的、运动式的教材建设有其深刻的历史原因，并非常态。教材建设是一项经常性的、与教育相始终的任务，呼应着社会经济、科学技术和文化教育的改革发展，高校的教材必须不断更新、不断丰富、不断建设。《国家中长期教育改革和发展规划纲要(2010—2020 年)》不仅要求加强课程教材等基本建设，还要求“加强优质教育资源开发与应用，加强网络教学资源体系建设，引进国际优质数字化教学资源，开发网络学习课程”。这为新形势下面向未来的教材建设指明了新的方向、提出了新的要求。在教学资源日益丰富以后，教材的优质和特色就显得尤为重要。

三江学院的新闻学学科是江苏省重点建设学科，新闻学专业是国家特色专业建设点，其主要成就与特色在于着力培养新闻实务人才。为适应培养新闻实务人才的需要，必须创新人才培养模式，制定相应的培养目标、培养规格，改革课程设置、教学内容和教学方法，而这一切都必将在教材中有所反映。或者说，必须通过特色教材建设去培育、支撑、彰显专业特色，去实现既定的人才培养目标。正因为如此，三江学院文学与新闻传播学院组织编写了这套系列教材。在这套教材中，其内容既遵循教材的一般要求，阐述构成知识体系的术语、事实、概念、法则和理论，传授与技能和能力有关的各种技术、作业方式及步骤，揭示作为世界观基础的态度、观念以及可以激发非认知因素的事实，更重视适应培养新媒体时代新闻实务人才的需要。所以，这套教材在编写中更加重视创新性。随着新媒体的产生和发展开设新课或更新既有课程的教学内容。编写新教材，更加重视应用性，紧密联系实际，突出实践教学，聘请新闻实际工作者参与教材建设；更加重视多样性，在编写文字教材的同时组织力量制作配套的视听教材，努力把相关课程建设成为多媒体网络课程，这些正是这套教材力图形成的特色。或许它们在问世之初离追求的目标尚有一定的差距，但是在各方面的帮助之下，经过编写者的不懈努力，这些目标是一定能够实现的。

笪佐领

2010 年 12 月

前 言

导播一词目前已广为电视观众所熟知，但是，由于导播幕后工作的性质，普通电视观众对其工作形式、所需的知识素养、操控的系统设备等却知之甚少，对其工作岗位——电子现场制作的设备系统(EFP 系统)可能更是一无所知。

有关电视现场制作和导播的书籍在浩瀚书市中难以寻得。笔者要给学生讲 EFP 系统和导播，苦于没有教材——上网查询，书店咨询均不可得。因此结合自己 30 多年的从业经验写作此书，期望不致误人子弟。从 2005 年 8 月开始动笔，忙里偷闲，至 10 月拿出初稿，并在几年来的教学和实践中又不断修改、充实，才敢于斗胆付梓。

电子现场制作(EFP)方式是电视节目制作的重要方式，其设备系统也是多个系统的连接，显示出复杂性和特殊性；导播作为这一系统设备的重要参与者和组织者，其工作性质也有其特殊性。笔者根据自己在省级电视台参与各类电视节目制作的经验，观摩、描述和分析了国内省级电视台和中央电视台的各类有关节目，从理论和实践结合的角度，对电子现场制作的系统设备进行剖析，对导播工作进行了系统的描述，对各类节目类型(新闻、综艺、访谈、室内剧、文艺、体育赛事、大型社会活动等的直播和录制)的制作特点进行分析和介绍。书中列举了大量的电视制作实例，描述和分析了近年来各类电视节目的制作过程，并作出点评，力求将最新知识传递给学生。书中列举了近年来的最新现场制作实例，如对 2009 年国庆 60 周年阅兵式转播的分析，对江苏电视台 2010 年的热门节目“非诚勿扰”制作的分析，对 2010 年南非足球世界杯转播的分析，等等。另外还介绍了近年来电子现场制作的各种新设备和新技术。

本书共有十个章节，分三个部分。首先介绍了电视电子现场制作系统及导播工作的一般性知识；之后分别以各类节目类型为案例，分析了一般性的(一级切换)导播工作情况；最后由体育赛事的导播分析介绍至较为复杂的二级切换的 EFP 方式、新技术等内容。内容循序渐进，符合该专业学生学习的规律，较易被他们接受。

此书为电视节目的制作提供了丰富的经验，也为广播电视编导的教学提供了较为实用的参考。

随着电视技术的发展和新技术的应用，电视现场制作的方式也会不断发展和更新，电视教学也应随之而发展和更新。因此，本书还有继续充实和提高的空间，还要不断补充新资料和新技术，不断充实，不断完善，不断给学生提供新的内容，力求将最新的知识传授给学生，以利于广播电视编导专业教学的发展。因此，虽然今日付梓，但仍需不断地在再版中更新。

本书所举诸多 EFP 制作实例，有些是笔者亲历，有些是笔者分析，不当之处在所难免，涉人涉事，文责自负；如有指正，感激不尽。

感谢三江学院文学院新闻学(广播电视编导方向)B070250班同学刘晓黎、董少鲲、曾祥祥、孟云、王巧、方磊、朱倩等同学,为文稿辛勤校正。

汪　洋

2010年11月

目　录

第一章　电视电子现场制作系统 /1

第一节　电视制作的 EFP 方式 /1

第二节　转播车和演播厅 /2

第三节　摄像机基本机位的布局 /20

第四节　节目制作规程 /21

第二章　导播工作概述 /23

第一节　导播的职能与权限 /23

第二节　导播应具备的基本素质 /24

第三节　导播所涉及的电视节目品种 /25

第四节　导播的工作——调度 /26

第五节　导播和摄像师 /28

第三章　新闻节目的直播 /32

第一节　新闻演播厅 EFP 系统 /32

第二节　新闻节目导播方式 /35

第三节　大型社会活动的现场直播 /39

第四节　2003 年美伊战争新闻直播分析 /49

第四章　室内情景剧和戏剧的导播 /52

第一节　机位布局 /52

第二节　景别调度和画面切换 /53

第五章　访谈节目的导播 /56

第一节　访谈节目调度 /56

第二节　典型节目制作分析 /58

第六章　综艺节目和文艺节目的导播 /64

第一节　EFP 系统配置 /64

第二节　景别调度和画面切换 /65

第三节　文艺与综艺节目的导播 /69

第七章　体育赛事直播 /76
第一节　对导播和摄像师的要求 /77
第二节　赛事直播分析 /79
第三节　足球世界杯的直播分析 /87

第八章　二级切换的 EFP 方式 /95
第一节　二级切换的概念及适用节目类型 /95
第二节　二级切换导播要领 /97
第三节　二级切换方式的案例分析 /99

第九章　有关 EFP 现场制作的新技术 /114
第一节　EFP 飞行箱系统 /114
第二节　P2 技术与新闻的网络化制作和直播 /116
第三节　虚拟演播室 /118

第十章　EFP 节目制作过程中的故障与失误分析 /122
第一节　系统设备的故障 /122
第二节　人为因素的失误 /124

《电视现场制作与导播》实验指导书 /136

关于《电视现场制作与导播》实验的实践介绍 /140

第一章　电视电子现场制作系统

本章学习要点

- 电视制作的 EFP 方式具体形式及特点。
- 转播车和演播厅的视频系统、音频系统、灯光系统、标准时钟系统。
- 摄像机基本机位布局以及景别设计、讯道。

第一节　电视制作的 EFP 方式

电子现场制作(Electronic Field Production)系统，即 EFP 系统，是电视技术发展的产物，是一整套视频、音频和通话等设备组成的系统统称，包括多台(两台以上)摄像机、一台以上的视频切换台、一台以上的字幕机、一台以上的录像机、一台以上的调音台和数只话筒、磁带或 CD 等放音设备、一套各部门之间的内部通话设备及一系列监看设备，等等。运用这一套 EFP 系统，加上必要的工作人员，如摄像师、导播、音频、视频技术人员，再加上现场使用多台摄像机多机位拍摄，话筒现场拾音，导播现场切换，编辑输出经过多镜头切换编辑后的、叠加了字幕的视频信号，经录音合成具有同期声的音频信号，附加各种同步、消隐信号的综合信号，最终形成的节目信号 PGM 可以经过电视台的播控中心直接送发射台直播，或者经录像机记录下来，并加以必要的编辑，然后播出。

EFP 制作方式可分为两种具体形式：

1. 直播

直播即通常所说的现场直播或实况直播，即用 EFP 系统在节目制作现场采用多摄像机机位拍摄，导播利用切换台现场选择摄像机所拍摄的镜头进行编辑，将节目信号传送到电视台的播控中心(播出和控制中心)，进行实时播放。直播是一种时效性最强的播出方式，可在事件发生的同时将图像和声音信号直接传输出去。

2. 录播

录播又称现场录像或实况录像，即用 EFP 方式将节目录制下来，然后做一些必要的编辑，制作成播出成片，送播控中心播出。录播的时效性不如现场直播，但是工作效率比电子新闻采集方式要高许多。

综上所述，EFP 制作方式的优点如下：

(1)不论现场直播还是现场录像，摄制、编辑过程与事件发生发展的过程同步进行，因此具有强烈的现场感。

(2)多机拍摄、现场编辑、现场拾音合成、现场叠加字幕，发挥了电视技术的独特优势，大大简化了节目制作的工序。

(3)事件发生现场的同步制作和同步播出，可使受众在事件发生的同时看到其经过，最具新闻的时效性。

(4)可运用 EFP 方式制作的电视节目品种繁多，几乎可涵盖全部电视节目。如各类体育运动的转播、各种社会活动的实况转播、文艺晚会、综艺节目、新闻采访，直至一些电视剧的制作。

当然 EFP 制作方式也有缺点：

(1)EFP 系统设备复杂，技术要求高。可靠性和稳定性要求万无一失、分秒不差，设计上就必须考虑应急方案，这就使系统更加复杂。

(2)对工作人员要求高。要求各工种的工作人员不仅熟悉自己的本职工作，而且要考虑和相关工种的配合与协调。

(3)准备工作周期长。从案头工作到舞台排练，从镜头分配到镜头编辑，导播的准备工作周期长，加上必要的走台、彩排，直到播出，其间的工作周期也较长。

(4)导播和摄像师、视音频工程师、灯光师等各类工作人员要经过长期合作磨合才能达到协调默契的程度。

(5)运用这种方式的导播等主创人员工作紧张，工作强度较大。

第二节　转播车和演播厅

电视 EFP 系统的应用场所不外乎转播车和演播厅。转播车就是流动的演播厅，只不过把演播厅导控室(导播控制室)的 EFP 系统(当然除了灯光系统)搬到转播车上。反过来说也一样，演播厅只不过把转播车上的 EFP 系统搬到演播厅的导控室。有些电视台就把转播车停在演播厅外作 EFP 系统使用(图 1-2-1 至图 1-2-3)。

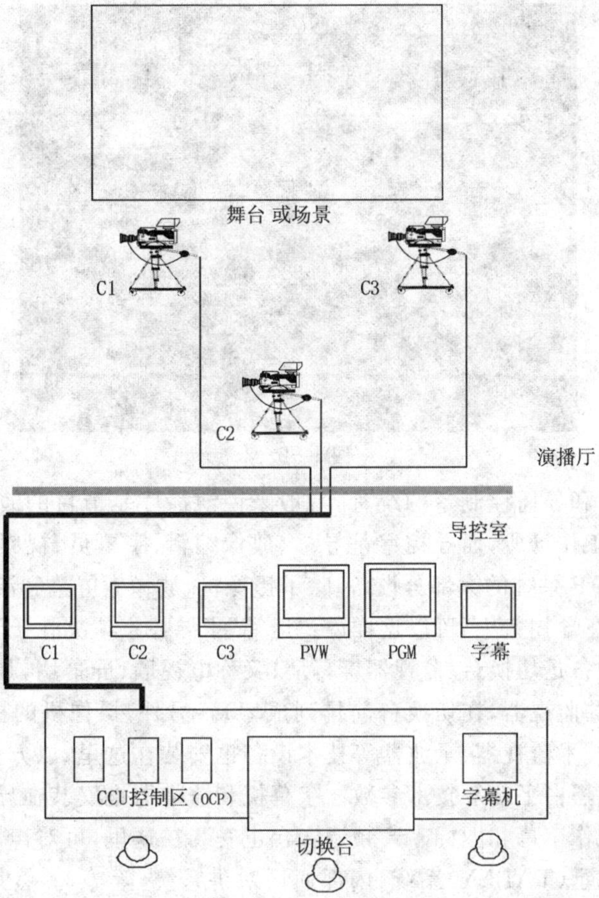

图 1－2－1　基本机位和机房布局

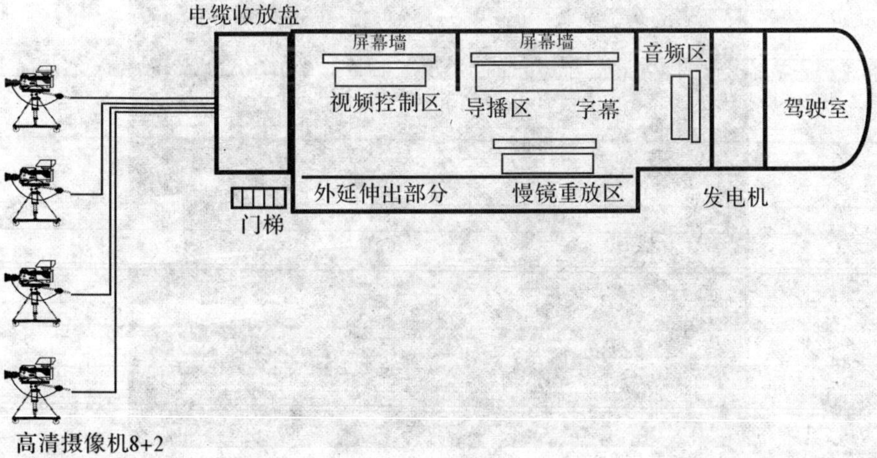

图 1－2－2　转播车结构简图

图 1-2-3

演播厅是演播厅和导播控制室的统称，一般来说演播厅是节目的演播拍摄现场，是演员表演、摄像师拍摄的工作场所，而导控室是导播、放像编辑、字幕员、视频、音频工程师等工作人员的工作岗位。EFP 系统的大部分设备，除了摄像机、放像大屏幕和演播厅监视器、监听音箱等设备外，都集中在导控室中，可以这样说："运筹"于导控室，"决胜"于演播厅。

导控室中主要设备是切换台、监视器屏幕墙（又称电视墙、屏幕墙，是监看各摄像机、录放像机、字幕机等图像的监视器，在切换台前排列成墙）。另外，摄像机的控制器（CCU）和摄像机控制面板（OCP）、技术监视器、示波器等技术设备也安装在这里，以方便视频工程师调整摄像机的光圈、黑电平、黑白平衡等技术参数。字幕机和渲染器也安装在导控室中，字幕工作人员根据导播的指令制作字幕和图标。音频调音台也安装在这里，可对声音信号进行拾取和调整。这里还有播出指示（TALLY）系统、内部通话对讲系统，等等，俨然是一个节目制作的司令部（参见图 1-2-4）。

图 1-2-4

(1)变焦镜头可配置 20×7 左右的,可配置一台 10×4 的广角镜头;转播车上的摄像机可配置 1～2 台 40×7 的高倍长焦镜头。大型赛事直播或运动会的开、闭幕式转播还会使用更高倍数的变焦镜头,例如,十运会开幕式上配置了 101×8.9 的变焦镜头(参见图 1-2-8)。

图 1-2-8

(2)镜头的操作一般使用后操纵,即采用伺服变焦手柄和聚焦手柄来控制变焦镜头,这样操作镜头比较方便,也减轻了摄像师的工作强度。伺服变焦手柄上有一个或两个返送视频按钮,可以切换 PGM 信号或 PVW(预监)信号。在制作节目时,这样可使摄像师在考虑本机构图的时候,点选返送视频按钮,切换到 PGM 信号,即可在本机寻像器上看到导播正在使用的摄像机的构图,从而提供本机符合编辑规律的构图。还可以在导播用 WIPE 或 MIX(划像、分割画面或混合、叠画)特技转换时使用,来确定本机拍摄的构图。这也是使导播和摄像师之间默契工作的一种方式(参见图 1-2-9、图 1-2-10)。

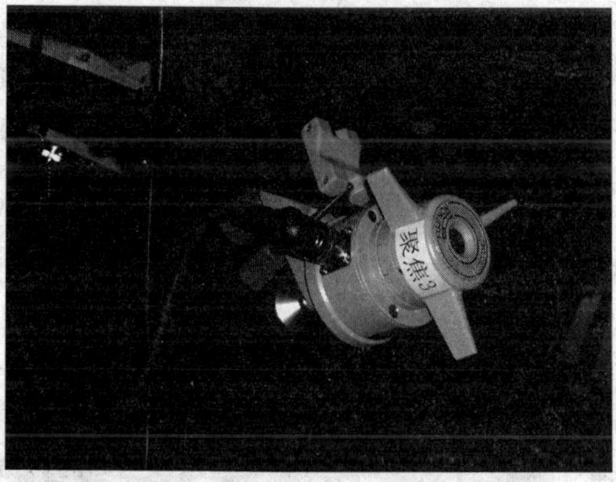

图 1-2-9

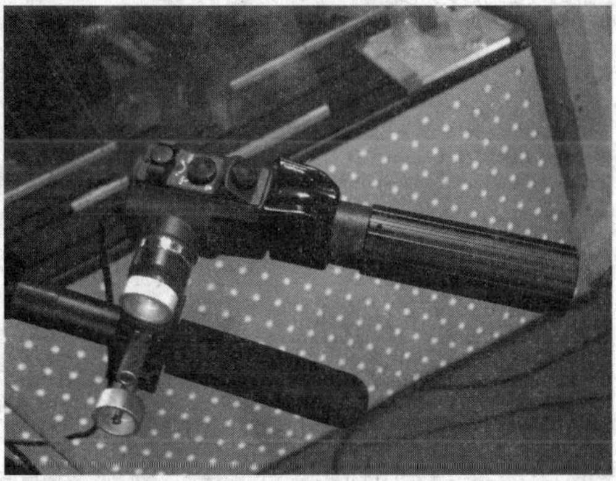

图 1-2-10

(3)内部通话系统和 TALLY 播出指示。通话系统不仅是导播和各位摄像师之间的沟通渠道,也是导播联系 EFP 系统各部门、各工种之间的渠道。导播可以利用通话系统不断向摄像师发出指令,以提供导播认为适合编辑的镜头,也可以经通话系统向节目制作的各个部门发出指令;摄像师也可通过对讲和导播进行交流。而 TALLY 播出指示是导播切换各台摄像机信号的“正在播出”的指示,以摄像机机身前后和寻像器上的红灯点亮为号,表示导播正在切换到或使用到该摄像机,以提示摄像师操作摄像机,并提示现场内的演员、观众以及工作人员哪一台摄像机正在拍摄,以便经过时不要“窜镜头”;也可提示现场的主持人,导播正在用哪一台摄像机拍摄,便于自己面对该摄像机(参见图 1-2-11)。

图 1-2-11

(4)摄像机的技术指标应为 12 比特(现在一般为 14 比特)以上数字量化,20 比特以上数字处理;灵敏度为 F10 以上;信杂比为 60dB 以上;清晰度为 700 线以上;具有摄像机控制器(CCU)、摄像机基站(BS,也叫摄像机控制器)或摄像机遥控单元(OCP,即 CCU 上的操作面板),可长距离传送视频信号而不衰减。摄像机电缆长度应为 100 米以上。以上数据为标准清晰度摄像机。

摄像机由电缆连接 CCU 摄像机控制器,摄像机上的所有技术参数由 CCU 摄像机控制器调整并控制,摄像师仅仅作变焦、聚焦、构图和镜头运动(摇、移)等操作。在机房中因安装需要,CCU 有时不能直接安装到控制桌上,这时就要用电缆将 CCU 所有控制参数引出到 OCP 上,由 OCP 来完成 CCU 的全部工作。

(5)转播车上还可配置无线摄像机,即无电缆摄像机。有些现场拖拉摄像机电缆不方便,移动拍摄时受电缆的限制,无线摄像机就无此拘束。无线摄像机是在摄像机机身后部附加安装一台小型微波发射器,将摄像机拍摄的视频信号用微波传送到转播车的微波接收天线上,转换成视频信号,进入切换台切换;导播和摄像师之间的通话也同时用微波传送,这样在现场走动时没有了摄像机电缆的牵扯,就非常便捷了。

(6)为提高转播和录制工作质量,增加可看性,遥控小型摄像机越来越多地进入 EFP 系统。该机体积小,机位可以高架,推、拉、摇、移、仰、俯、聚焦等动作均可遥控,俗称探头。在体操、花样游泳等项目的转播中,遥控摄像机吊挂在赛场中央俯视整个赛场,作大俯视镜头,可为拍摄的镜头效果锦上添花;有时还会吊挂在篮球架上、足球球门柱或围网上,使进球的镜头更具动感(参见图 1-2-12)。

图 1-2-12

摄像机的主要附件是三脚架和滚轮，使用三脚架可使镜头更加稳定，拍摄特写镜头时不致抖动。滚轮可在平坦的地面移动。一般情况下，除了游动摄像机外，都应使用三脚架。

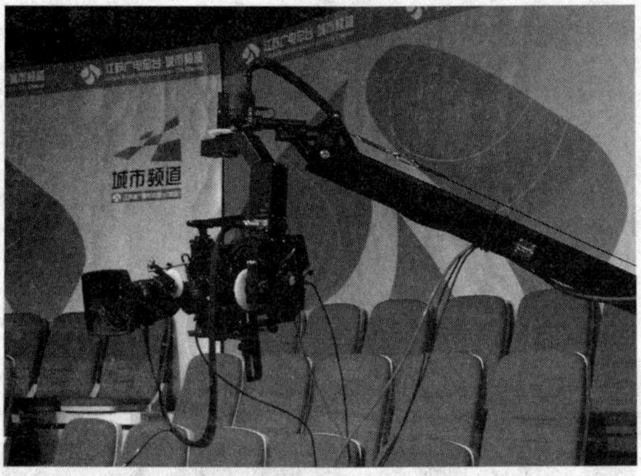

图 1－2－13

除了三脚架和滚轮外，摄像机还可配置以下附件：

(1)大摇臂。长度可达 7 米至 12 米，摄像机安装于大摇臂的前端，摄像师在摇臂后端操作，可上下仰俯，也可左右平移，拍摄长焦运动镜头具有很强的动感、很强的冲击力，但安装较为复杂，占地面积大，易与其他机位的摄像机发生干扰(参见图 1－2－13)。

图 1－2－14

(2)小摇臂。小摇臂又称短摇臂，一般长 1～2 米，有移动平衡架，安装摄像机可做上下左右一到两米之间的运动，还可铺设橡胶软轨，摄像机可在软轨上平移。

(3)摄像机稳定器。摄像机稳定器俗称“斯坦尼康”。是将摄像机平衡支架安装在一件穿在摄像师身上的背心上，然后将摄像机装在平衡支架上，摄像机由一台小型监视器(6 英寸)平衡，摄像师用此监视器作为寻像器来聚焦和构图。拍摄时摄像师或走或跑，摄像机的振动与镜头振动经平衡支架和人体的减震平衡趋于自然，镜头呈运动感。摄像机的平衡支架安装复杂，使得摄像师的工作强度和工作量都有所增加(参见图1－2－14)。

安装有摇臂或“斯坦尼康”的摄像机一般都选用广角镜头(2/3英寸 CCD 摄像机其镜头的最小焦距为 4～4.5 毫米)，这是因为操纵这些设备的摄像师工作量较大，使用广角镜头，一是便于摄像师聚焦，二是相应减小摄像师的工作强度。

2.切换台

图 1-2-15

切换台作为EFP系统的中枢神经，是编辑处理多台摄像机信号的关键设备。导播的出演就在切换台上，毫不夸张地说，切换台就是导播的舞台。

切换台是导播从多台摄像机拍摄的镜头、录像机的放像镜头、字幕机的字幕信号以及演播室以外传送进来的外来信号等诸多信号中进行选择、编辑的设备，是演播厅导控室和转播车上最重要的设备，在EFP制作过程中起着中枢核心作用(参见图1-2-15)。

EFP系统的切换台要求具有10路以上的输入路数，2级M/E特技，2路以上下游键(DSK:Down Stream Key)。切换台的输入路数是为了容纳较多的可切换、可选择的信号源，一般切换台应有6路摄像机信号输入，2路放像机信号输入，2路字幕机即下游键(DSK)信号输入，还要考虑渲染器和动画特技的输入。切换台还应具备色键功能(Chroma Key，即利用键控技术，将一路视频信号的背景颜色抠去，一般是蓝色，填之以另一路视频信号的背景，又称抠像)。

图 1-2-16

导播选择并且确认输入切换台的某一信号，即在切换台的PGM按键母线上按下(也即点亮)某一个按键，这一信号就从切换台输出。切出PGM信号的键母线叫PGM母线，切换台上有PGM、PVW、M/E和KEY(键母线)等等按键的母线(参见图1-2-16)。

PVW信号即预监信号，对于导播来说有两个意义：

①在预监键母线上切出的信号表示即将、准备在PGM母线上切出的信号；

②在预监键母线上切出M/E信号，可以是两路或两路以上的信号的混合、叠画、WIPE分割画面等特技信号，这时导播要提前告知特技制作的参与者(可以是摄像师或放像员)。

切换台还应具备辅助母线，以备现场制作的各种需要。例如，有的节目在直播的同时，要求记录一路不叠加字幕的Clean信号，以留作资料或编辑花絮之用。

Clean信号是由切换台辅助母线上输出的不叠加字幕的图像信号。辅助母线的输入源完全等同于PGM和PVW母线，因此可以根据节目的需要或导播的指示，在辅助母线上进行相同或不同于PGM信号的切换，用特指的录像机进行记录，以便以后用来留作资料、编辑花絮或做后期编辑的补充镜头。

单挂或单切信号是指切换台的一组辅助母线输出的可切换信号，是除了 PGM 信号之外，摄像机随机捕捉的诸如观众反应镜头、主持人和嘉宾的反应镜头，等等，可作后期编辑时插入编辑使用。单挂信号可以和 PGM 信号相同，也可以不同。Clean 信号和单挂或单切信号实质上就是辅助母线切出的一路辅助信号。

以上两类信号都是由切换台的辅助母线输出的。Clean 信号的切换自动与 PGM 信号同步，导播无需分神，只要专心于 PGM 信号的切换即可。单挂或单切信号可由导播切换，如果 PGM 信号切换的节奏较快，导播无暇他顾，则可由导播助理来切换。

为了应付紧急情况或防止切换台故障，在设计 EFP 系统时就要考虑应急方案，即以一台视频矩阵或另一台切换台作为应急切换的备份，并可与主切换台方便快捷地倒换。EFP 系统里的视频矩阵也可作信号的分配之用，如现场需要视频信号，舞台上的大屏幕需要视频信号，都可以从视频矩阵上切出。矩阵还可以调出进入矩阵的各种视频信号。

3. 放像机和录像机

放像机是 EFP 系统中切换台的信号源，可播放事先录好的素材给现场观众观看，一般是两台。有的 EFP 系统使用硬盘录像机来取代，特别是转播车。硬盘录像机可录 8 小时节目素材，一台硬盘录像机通常为两录两放的配置，相当于两台录像机和两台放像机，但体积只有一台录像机的大小，用于各种赛事转播时慢动作重放，非常方便(参见图 1－2－17)。

图 1－2－17

放像机的操作者(即放像员)一般是节目的编辑,参与节目的制作过程,节目播出的素材一般由他来编辑;即便不是自己编辑的素材,他也要看几遍,熟悉素材的前后顺序,并应熟悉素材在节目制作的位置,知道何时开始播放,何时结束。素材播放前应找到素材的第一幅画面,并提示导播即将播放的素材;播放时,由导播提示,编辑操作放像机播放素材;播放即将结束,编辑要提示导播,必要时提示倒计时,以提示导播切出画面。素材可以是栏目的片头或片花,也可以是演员、嘉宾或节目参与者的资料,还可以是插播的广告。

录像机是做 PGM 信号记录用的,通常要配置 3 台。两台记录 PGM 信号,一台记录 Clean 信号、单挂或单切信号。使用两台录像机记录 PGM 信号,是因为通常使用的磁带为 60 分钟或 120 分钟,而节目的时长往往大于这一长度,为保证在更换磁带时信号记录不致中断,在前一磁带即将记录完毕前,启动另一台录像机中的记录磁带,以保证信号的连续。

4. 字幕机和渲染器

字幕机是为了给 PGM 信号叠加字幕,如节目的名称、演员、唱词、对话等。渲染器是为了给 PGM 信号叠加诸如演员个人资料、人气指数等渲染气氛的字幕或动画图标。这两种设备都是以下游键的方式,使各自的信号与 PGM 信号叠加在一起。

下游键(DSK)是 EFP 系统制作节目叠加字幕的方式,即用电视的键信号在图像信号上抠出或挖出字幕或动画图标的黑框,然后在黑框中填入各种颜色、材质等,形成字幕或动画图标。EFP 系统中的切换台上都有下游键的功能,至少有 1 路,大的切换台甚至有 4 路至 5 路,即可以同时上 4 路至 5 路字幕(参见图 1-2-18)。下游键(DSK)是切换台的一项重要功能。视频工程师在考察一台切换台时,下游键的输入路数是一个关键数据。

图 1-2-18

用下游键上字幕有两个优点:

①字幕机的图像只占 PGM 信号的字幕部分,这一部分在 PGM 信号中比例不大,因此字幕机的图像质量不会影响整个 PGM 信号的图像质量;

②在制作过程中字幕机一旦出现故障,只要断开切换台的下游键(DSK)开关即可,PGM 信号只是没有字幕,还能正常播出,不至于中断整个节目的播出和录制。这样的现象时有发生:一次“震撼一条龙”在直播中途,只要一上字幕整个 PGM 信号就出现拉道或雪花干扰,视频工程师分析可能是字幕机故障,因此果断断开下游键开关,雪花干扰消除,直播得以继续。事后检查字幕机发现是字幕机的图像处理电路板故障。

5. 监看设备

(1)彩色监视器。

监看设备就是监视器,类似于家用的彩色电视机,只不过技术质量更高些。

导播通过彩色监视器除了监看各台摄像机的图像信号之外，还应看到自己选择切出的PGM信号。显示PGM信号的监视器叫主监或PGM监视器。为了监看M/E特技的信号，导播还要监看PVW信号。显示PVW信号的监视器叫预监或PVW监视器。

现在的彩色监视器已经用大面积的平板电视监视器，并可作各种数量和大小的分隔屏，可以使各摄像机的图像信号靠得更近，便于导播观察、监看。

(2)波形监视器和矢量监视器。

视频工程技术人员除了看到导播所能看到的所有信号外，还应监看到每一台摄像机的视频信号波形图、PGM信号的波形图和信号矢量图，以控制信号的电平幅度和波形，正确调整光圈、黑白平衡、黑电平等技术参数，确保图像的技术质量。这样的监视器称为波形监视器和矢量监视器，是电视工程师最重要的监视设备，也是将电视信号进行量化的重要设备。它可以清楚地显现视频信号(0.7V)、黑电平(0V～0.05V)、同步(－0.3V)、色同步(0.3V)等信号的幅度，用来调整摄像机和录像机的视频信号，监控整个EFP视频系统工作是否正常，以保证电视信号的技术质量。上述的这些技术监视器都在导控室或转播车上。

必须指出的是，由于这些技术设备的精度高，价格贵，一些单位就不予配置，这实在是很大的缺憾。没有这些设备，视频工程师就等于失去了眼睛，无法观测、监视电视的波形，也就无法保证电视信号的技术质量(参见图1－2－19)。

图1－2－19

(3)现场大屏幕和返送监视器。

除了导控室和转播车的监看设备之外,现场还会有大屏幕和返送监视器。可接 PGM 信号或放像机的信号,供现场导演和观众观看,便于现场导演和舞台监督掌握现场情况,还可以烘托现场气氛。现在一些综艺节目已经把现场的大屏幕作为舞台美术的一部分了。

6. 播出指示(TALLY)

播出指示设备是摄像师和导播之间、导控室和演播现场之间的重要联系方式。摄像机和寻像器上的信号灯,一般是红色信号灯点亮,指示摄像师导播正在选择切出就使用该摄像机的镜头信号,提示摄像师注意操作机器,提示主持人注意是哪一台摄像机正在拍摄,提示现场的工作人员在走动时注意姿态,避免遮挡镜头。

播出指示不仅在摄像机上有所显示,在导控室的监视器屏幕墙上也有显示,当导播切到某一摄像机时,切换台节目(PGM)母线上相应的按键指示灯、屏幕墙上相应的监视器上的播出指示灯会点亮,表示导播选定这一讯道的镜头。当然,被导播选中的摄像机上的播出指示

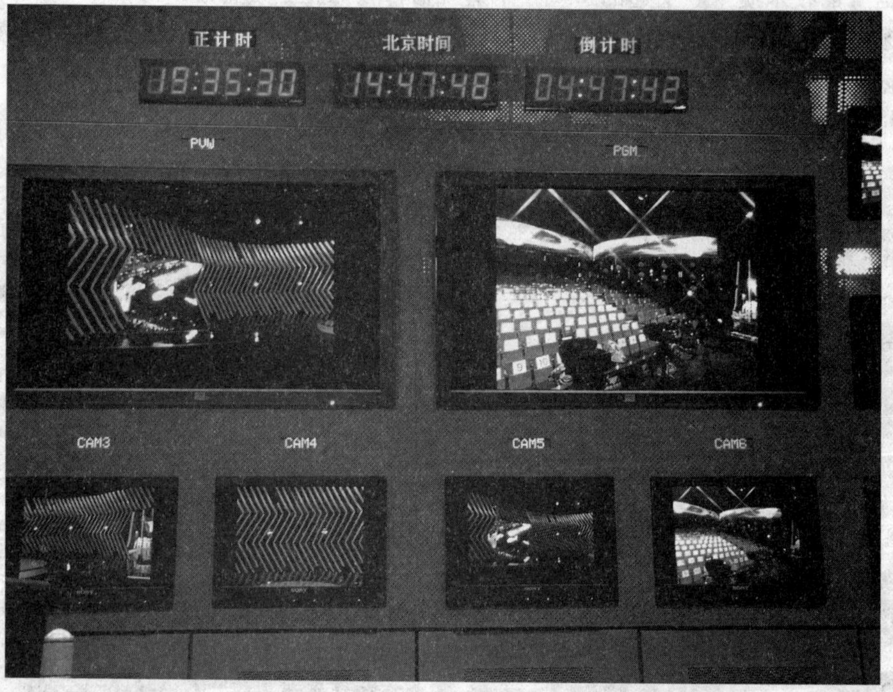

图 1-2-20

灯也同时点亮,寻像器上的播出指示灯也会点亮(参见图1-2-20)。

二、音频系统

音频系统在 EFP 系统中的作用是:在现场进行声音的拾取,送入调音台进行处理,协调各种声音的比例,输出音频的 PGM 信号,直播或记录下来。还要将音频 PGM 信号送入导控室或转播车,给导播和工作人员监听。同时送入演播厅扩声系统,让舞台上的演员和现场观

众听到演出的音响效果。

音频系统由下列设备组成：

1. 话筒

话筒是拾取声音的工具，音频信号的失真与否、清晰与否，与话筒的使用和配置有直接的关系。目前，为演出的方便，通常使用无线话筒，可省去接线的麻烦，使演员的活动范围扩大。但也带来一些不便，一是电池的更换问题。录播可停下来换电池，直播时就得考虑到提前更换电池，否则就会在播出中出现因电池没电而停播的状况。二是无线话筒的频率分配。几个无线话筒之间不能产生频率干扰，否则无法工作。因此在配置无线话筒时应特别注意。话筒的数量一般以主持人或演员的数量而定。

观众反应的声音拾取通常用有线话筒，吊装在观众席上方。如有个别观众需要说话可现场递上无线话筒。新闻演播室中播音员的话筒就不一定用无线话筒了，因为他们的位置固定，使用有线话筒即可。

2. 调音台

调音台是控制各话筒和放音设备输出的音频信号，并对音频信号进行艺术加工的关键设备，作用如下：

①对话筒和放音设备输出的音频信号进行放大和调整。

②对音频频率进行均衡补偿。

③按照一定的比例将各路音频信号有机地混合输出。

音频工作人员用调音台严格控制语言、音乐和现场各种声音的比例，使观众在看电视的同时感觉到现场的气氛，并听清主要的声音，如语言、对话等。调音台的输入路数应在 8 路以上（参见图 1-2-21）。

图 1-2-21

3. 现场扩声和导控室监听

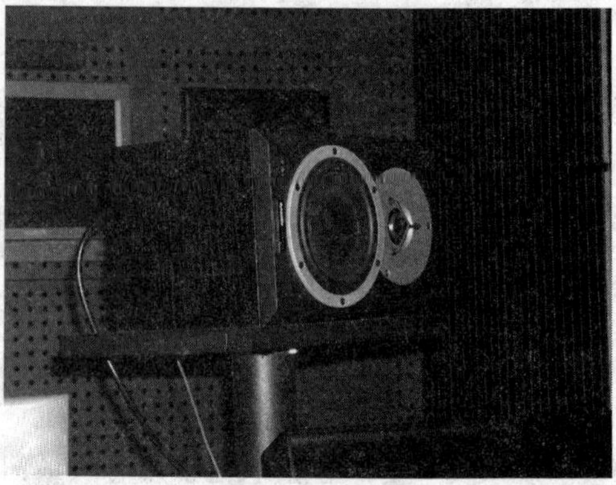

图 1-2-22

现场扩声是为了让现场的观众和演职人员听到音响效果，导控室监听是为了让导播和其他工作人员听到音响效果。这两类音频信号和调音台输出的音频 PGM 信号是同一类信号。必须引起注意的是：扩声箱距话筒应留有足够的距离，防止在制作过程中引起音频系统正反馈，产生刺激啸叫的声音而破坏制作程序（参见图 1-2-22）。

通常导播不必事无巨细地过问音频系统的工作，只需对音响效果提出要求即可，因为在电视台里有专门从事音频技术的工作人员操作。例如制作访谈节目时，如果现场有音乐伴奏，如键盘乐或其他背景音乐，应将语言类音频信号和音乐类音频信号分别记录在录像机的两条声道上，即语言信号用一个声道记录，音乐信号用一个声道记录，便于后期编辑时背景音乐的连续。另外，录制歌曲时人声要加混响。综艺节目如有观众或嘉宾的电话参与时，要加电话桥（即将呼入电话的信号进行放大，并接入音频系统，使现场的观众和导控室的工作人员都能听到电话的声音的音频设备），等等。

4. 通话对讲系统

通话对讲系统对演播厅 EFP 系统中的各部门来说是最重要的联系方式，该系统由通话主站、通话分站和通话包组成。通话主站一般安装在导控室的切换台安装机柜上，正对导播位置，便于导播在制作节目时发出指令，使摄像机上的通话对讲系统接入主站，可随时和导播沟通对讲。通话分站一般安装在视频、音频、灯光等部门的操作台上，分站的数量要看制作部门的多少，一般是一个部门一个分站。主站和各分站还可以接驳数个通话包，通话包可与主站或分站进行通话，通话包可以是有线或无线，一般给演播厅内的主持人、现场导演、舞台监督等工作人员使用。

通话对讲系统的使用也有一定的规则，例如，导播的话筒（MIC）始终是开着的，因为导播在工作时需要频繁发出指令；而各分站话筒、各摄像机对讲话筒和各通话包话筒一般是关闭的，需要讲话时才打开，原因是要避免现场噪声进入通话系统，使导播的指令声淹没在背景噪声中，这也是节目制作的习惯所致（参见图 1-2-23）。

图 1-2-23

摄像机上的通话按钮有两个档位，一个是常开，即话筒常开；另一个是按住说话，撒手关闭。一般要求摄像师在工作中使用后者。

导播、摄像师、视音频工程师如果不在岗位上，可以按动主站、各摄像机、各分站和各通话包上的“呼叫”(CALL)按钮，相应的通话站上的指示灯就会闪亮，以告知离岗位不远的工作人员。

三、灯光系统

灯光系统是演播厅 EFP 系统必不可少的系统，也是摄像师和导播应特别注意的一个制作环节。电视台灯光工作有专门的部门去设计、布置和操控，导播只要根据节目情况提出照明要求。

灯光系统由供电、照明灯具和调光台组成。布光应采用“三点式”布光原则，不论新闻演播厅还是综艺演播厅都是如此，只不过综艺演播厅将主光、辅助光和逆光(轮廓光)由“点”换成“面”罢了。另外，主光和逆光之比不应超过 1∶1.5。

导播应根据节目的情况，注意下列灯光照明的问题：

①现场照明的光比应在一个适中的范围。明暗的对比不应过大，即我们常说的要均匀，否则会使摄像机拍摄的图像缺少层次，让人感觉图像过“硬”，不“透”。

②对电脑灯、追光灯、筒子灯、黑背景和放烟提出要求。电脑灯的闪烁应根据音乐节奏；追光灯定位要准确、快捷；放烟区应远离表演区，防止烟雾蔓延到表演区甚至蔓延到观众席，从而影响摄像机的黑电平和清晰度。烟量适可而止，有光柱即可。

③尽量少用色光，多用白光，以提高电视图像的颜色还原性。

一般说来灯光师比较注意舞台效果，而导播、摄像师和视频工程师比较注意电视的屏幕效果，双方往往各执一词。但舞台效果是少数人（现场观众）看的，而电视的屏幕效果是广大电视观众看的，孰轻孰重，不言自明。

灯光照明是关系摄像机拍摄效果的关键，需要导播、摄像师、灯光师和视频工程师尽量沟通、协商，以取得最好的电视图像效果（参见图 1-2-24、图 1-2-25）。

图 1-2-24

图 1-2-25

四、标准时钟系统

中央电视台和我国绝大部分省级电视台的电视画面都会在屏幕的右上角叠加半透明的标准时钟的字符，通常每隔半个小时显示一次，每次 60 秒，这就是标准时钟。电视台内装有标准时钟的子母钟系统，母钟由 GPS 全球卫星定位系统自动校准，子钟由母钟校准。演播厅和转播车上也装有这种标准时钟的子钟系统，与各台播控中心的母钟联网。标准时钟系统显示标准北京时间、节目区间（即节目的时间长度）、倒计时（实际时间与开播时间之间的时间间隔），区间时间和倒计时可调整。为控制直播的开始和结束提供了准确的时间保证，也保证了节目各部门的同步运作（参见图 1－2－26）。

图 1－2－26

电视直播具有一定的风险，尤其是综艺节目的直播现场，人员繁杂，易于出现突发情况。为避免将混乱的突发情况直播出去，在电视观众中造成不良的影响，将直播信号延缓一定的时间再播出，一旦出现不良镜头，在不良镜头出现后、直播出去之前的短时间内截除不良镜头，这在今天图像的数字存储技术上已不成问题。由于延时播出是将电视直播信号经过一定的延时后再播出，这就为处理突发事件的不良镜头争取了宝贵的时间，这一点在政治性较强、比较严肃的直播节目中尤为重要。随着国家广播电视管理机关对各级电视台安全播出的要求越来越严，在电视直播时采用延时播出系统就更显必要。

一般延时器安装在播控中心，由监播人员控制。演播厅导控室只要和播控中心取得联系，明确直播节目的延时时间，并在时钟系统中调整出提前的延时时间，在提前延时时间时直播即可。

例如：2007 年 6 月江苏电视台的综艺节目“绝对唱响”的直播时间是周六晚 19 点 30 分，由于需延时 30 秒直播，实际的直播时间是 19 点 29 分 30 秒。这时就应提前将演播现场和导控室中的标准时钟系统的开播时间调整到“19：29：30”，该时钟系统自动开始倒计时，以提示开播前的剩余时间，提醒各部门做好准备。“绝对唱响”在演播现场于 19 点 29 分 30 秒准时开始直播，而播控中心延时到 19 点 30 分切出。这样，在家里看到的“直播”就比真正实时的直播晚了 30 秒。据中央电视台称，2008 年奥运会期间的体育赛事直播，都没有采用延时直播的方式，因此大家看到的赛事直播都是实时的。

第三节 摄像机基本机位的布局

摄像机机位布局是指，EFP 系统在摄制过程中，根据不同现场的情况安排摄像机的数量以及摄像机的具体位置，目的是保证在拍摄过程中能获取各类有关节目内容的镜头，将节目的精彩瞬间展现在观众眼前——这是导播最为关注的工作。机位的安排关系到摄像机的镜头摄取，摄像机相互之间角度的关联，这直接关系到 PGM 信号的镜头图像编辑(参见图 1-3-1)。

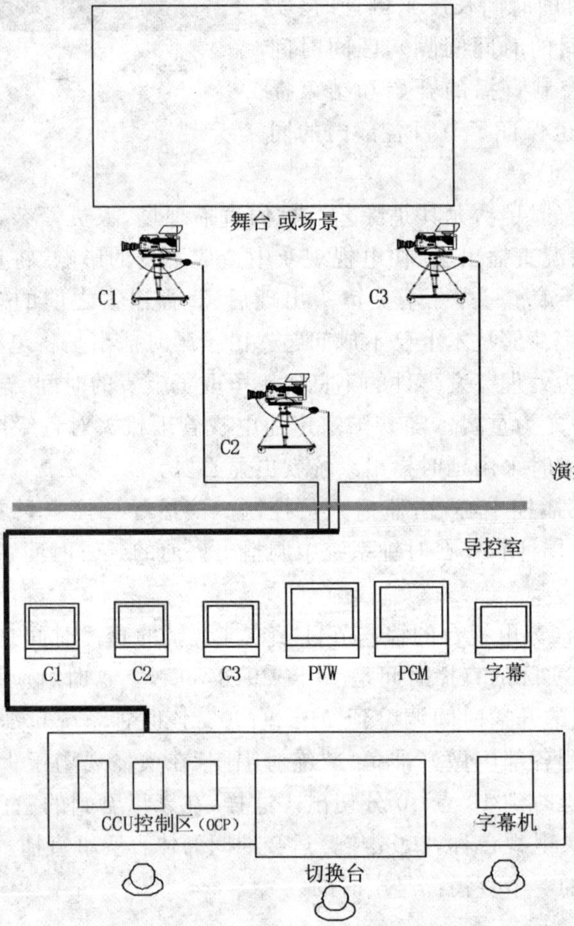

图 1-3-1

今天的电视现场制作摄像机机位多少不等，一般省级电视台的新闻节目演播厅摄像机可在 4～5 台，访谈类节目的演播厅可在 5～6 台，综艺节目的演播厅可在 8～10 台，赛事转播的摄像机位就更多了,篮球CBA可在8～10台,足球世界杯可达20～24台。无论何种类型的EFP方式,摄像机机位再多,也可以将其分为基本机位和其他添加的机位。

摄像机机位最基本的布局是3机位布局:面对舞台或拍摄现场,左手机位为1号机位,右手机位为3号机位,中间为2号机位,3台摄像机成倒“品”字排列。3台摄像机之间的距离可参照舞台或拍摄场景的大小以及3台摄像机镜头的大小来安排。3台摄像机镜头的景别分配通常是:1号、3号摄像机打交叉,景别为中近景;2号摄像机离舞台最远,景别为全景。

可能是EFP系统约定俗成的规则,不论在演播厅的导控室还是转播车上,摄像机的图像监视器是按照机位号的大小,从左往右按1号、2号、3号依次排列。切换台上的摄像机信号键也是从左往右按1号、2号、3号依次排列,全球概莫能外。通常电视台习惯把EFP系统的摄像机称为讯道,几个讯道即指几台摄像机。

以上摄像机的机位布局是最基本的,在基本布局的基础上,适当增加摄像机的机位可起到锦上添花的作用。

在一些大型节目的转播过程中,因为要保证一些关键镜头不丢失,会在同一个机位上布置数台摄像机。如足球世界杯的转播中,2号机位(主要拍摄比赛赛程)上可布置4～5台摄像机,这在分析摄像机机位时,可以将其归纳为一个机位。

基本机位的分析方法可以帮助我们正确布置摄像机机位,合理利用摄像机,使每一台摄像机发挥最大的效益,而不致使昂贵的摄像机闲置无用造成浪费;也可以使我们可以根据转播的图像、镜头角度、编辑方式等因素,来分析导播布置的摄像机机位。一位成熟的导播不仅要会根据节目设置摄像机机位,而且要能根据电视画面的切换判断该节目的导播是如何设置机位及机位数量。

第四节 节目制作规程

电视节目的录制和直播都有一定的规程,这些规程是任何电视台里的所有工作人员必须遵守的“铁律”。

规程要求现场直播时,全体工作人员应提前一个小时到达岗位,架设机器,同时向播控中心输送电视测试信号:视频——标准彩条信号,音频——标准一千周信号,并通知播控中心监看并调试。这时音频、视频、灯光工程师们正调试他们各自的系统设备。视频工程师调整摄像机黑白平衡、黑电平等参数,检查切换台功能、视频设备同步,检查现场监视器;音频工程师检查话筒、调音台以及现场音响设备……

录制节目时,全体工作人员应提前半个小时到达岗位,工作程序同现场直播。

导播到位后,具体工作如下:

首先,核对倒计时钟,注意延时器的延时读秒数,确认直播时间。

第二，试操作切换台各母线的按键，并确认播出指示系统工作正常，如有异常立即求助视频工程师。如果在节目制作过程中有特殊要求，应提前和相关部门打招呼，如节目需要做特技，音频要用电话桥（具体参见综艺类节目），等等。

第三，确认通信对讲系统工作正常，并与视频、音频、灯光、舞台监督等部门试通话，检查各部门工作，督促摄像师戴好耳机，准备工作。

第四，观察各讯道视频信号的一致性，如有明显不一致时应向视频工程师提出重新调整黑白平衡。

第五，督促放像人员和字幕员做好各自的准备工作，等等。

摄像师的准备工作如下：

第一，检查摄像机聚焦、变焦、后焦距、返送视频、播出指示（TALLY）等参数，发现问题要及时调整或求助于视频工程师。

第二，检查通话耳麦工作是否正常。

第三，检查三脚架、摇臂以及斯坦尼康等摄像机附件是否运动灵活，支撑可靠，平衡均匀。

实验指导

以演播厅基本机位（三机位）为例：

（1）画出演播厅基本机位图并设计景别。

（2）画出摄像机与切换台连接位置的物理走线示意图；切换台与监视器、音频、电源、通话等的示意图和位置图。

（3）叙述 PGM 输出时及使用 Clean 信号时，切换台的工作状态以及注意事项。

（4）叙述 PGM 输出时及使用字幕信号时，切换台的工作状态以及注意事项。

（5）叙述 PGM 输出时及使用图像混合信号时，切换台的工作状态以及注意事项。

（6）叙述在节目现场制作时，各系统（视频、音频、灯光、时钟等）协调工作的状态、步骤程序以及注意事项。

思考题：

1. EFP 摄像机和 ENG 摄像机有何不同？

2. 为什么说切换台是导播的表演舞台？

3. 观摩一档电视节目，分析其摄像机机位，画出机位简图，试述原因。

第二章　导播工作概述

本章学习要点

- 导播的职能划分、工作内容与权限
- 导播应具备的基本素质、职责范围
- 导播和摄像师合作的具体内容、交流协作的具体方法

导播一词是近几年出现的新名词，其工作是负责将 EFP 系统各台摄像机所拍摄的镜头，经过视频切换台的切换、编辑以及叠加字幕等现场制作过程，加工成为可直播或录制的 PGM 信号。说得更具体一点，导播的工作就是选择摄像机拍摄的镜头，以某种合适的方式（硬切、混合、叠画、分割画面等）将所选择的镜头编辑起来，传达给观众。

有时电视台也会将导播和导演混为一谈。一般来说，导播与导演区别在后一个字，即“播”与“演”。导播是负责电视 EFP 方式的播出，而导演要指导演员的演出。

第一节　导播的职能与权限

EFP 系统制作的节目类型不同，相对应的导播的职能和权限也不尽相同。一般来说，导播可以有如下的职能和权限：

①决定文学剧本或案头文学稿本，并依据该文字稿本画出分镜头剧本。

②决定导播方案，对节目负总责。

③决定节目的结构、形式、内容和风格。

④确定现场摄像机机位和镜头分配，合理调度摄像机机位。

⑤协调并督促各位摄像师构图，便于导播正确进行图像镜头的编辑和切换。

⑥协调并督促音频、视频和灯光等技术人员恪尽职守，共同把好节目的技术质量关。

⑦督促各演职部门人员（舞美、舞台监督、现场导演、演员等）共同把好节目的艺术质量关。

由于电视节目品种繁多，形式和内容各有千秋，EFP 制作方式也不尽相同，导播的职能与权限也有所区别，这将在各类节目制作的章节中分别叙述。

第二节　导播应具备的基本素质

一、导播的基本素质

导播身负重任，肩负众望，理应具备较高的素质水准。

①熟悉电视图像的编辑和转换。

②熟悉视频切换台的各母线功能、转换手柄和 M/E 方式。电视节目的节奏变化多端，导播对图像编辑的方式方法应熟记于心，加上熟练的操作技术才能快速反应，眼到手到，胜任节目的切换。

③具备文学、音乐、摄影、美术等艺术领域内的知识修养。

④了解音频、视频和灯光等技术工作，并能协调各部门之间的工作关系。

⑤尽可能多地了解所制作节目的相关知识，尽可能多地观摩各种电视节目，分析其制作方式，科学地分析其中的优点和缺点，并设想一下如果自己做这档节目应怎样做，以不断提高自身的业务水平。

⑥因成天与摄像机、切换台等设备打交道，导播应多懂一点技术，同时电视技术工程师也应多懂一点艺术，才能使电视制作的各工作类型水乳交融。

⑦身体力行，深入演播现场，观察拍摄角度，为合理布置摄像机机位取得第一手资料。

⑧遵守演播厅和转播车机房规则，爱护设备，合理使用机器。

⑨善于听取节目制作相关部门的意见，改善制作方法，提高效率；体谅相关制作部门的苦衷，不给对方出难题，自己举手之劳就能解决问题的，绝不麻烦别人大动干戈。

⑩客观、公正地反映现场实况，给镜头不带主观好恶等感情色彩。

⑪稳重、耐心、善于沟通和处理人际关系，要有冷静清醒的心理状态，不急不躁，稳妥处理节目制作中的突发事件。

⑫导播应该具备一定的资历，资历说明一个人的工作经验，这毕竟是一个要能指挥诸多人员工作的岗位。没有资历，没有经验，就无法处理演播现场的各种突发状况。所以初出校门的人应一般先从编辑或摄像干起，当积累了一定的经验，得到大家的信任后，干起导播来才能得心应手。

⑬灵活、机动的反应能力，沉着、冷静的工作精神。导播的工作紧张、头绪多、压力大、节奏快。演播现场环境繁杂，氛围严肃紧张，更加重了其心理的负担。因此导播必须具备较稳定的心理素质，想方设法活跃气氛、缓解紧张氛围，以应付突发事件，做到应急有备、临危不

乱、不急不躁、冷静处理。

⑭对新技术、新设备保持敏感性，不断提高业务能力。

二、导播的职责范围

随着 EFP 系统的进化，EFP 系统里的摄像机越来越多，切换台的功能也日益强大，摄像机、大摇臂、小摇臂、斯坦尼康等设备也配置了。作为导播，手中的工具多了，节目就可以做得更加好看。但必须指出的是，导播的工作是依靠电视台诸多工作人员的劳动，建立在大家合作的基础上，应对其他一些工作人员的劳动有足够的尊重，切不可滥用权力。

一般来说，节目改版时导播的权力最大，因为电视台领导对节目要钱给钱、要人给人、要物给物，所以导播的瞎指挥就会带来不必要的浪费。如一个栏目的改版，将舞台提高到半米，范围扩大到几乎半个 800 平方米演播厅，致使其他栏目搭台装台困难；录样片时要在演播厅里装两台大摇臂，结果实录时施展不开，两摇臂几乎发生碰撞。

导播要对整个节目负责，个人所受的工作压力和精神压力是常人不难理解的，因此，导播也应受到人们的尊重。作为一名导播也应谨慎工作，与其他工作人员协调好，建立一个和谐的工作氛围，调动每一位工作人员的积极性，尽力做好本职工作，才可能做好每一次节目的制作。

导播是节目的负责人，也是参与节目制作各部门的联系人，所以也延续和接受了“导演决定论”，即：凡是与节目制作有关的事、有争议的事，导演或者导播有最后决定权。

“导演决定论”没错，但是如果“导演决定”危及播出的安全，就可一票否决“导演的决定”。“导演决定论”应建立在听取演播各部门的正确意见，符合电视节目播出的规律。“导演决定论”不是助长某些导播的无理要求，而是要更合理、更科学地搞好电视节目的制作和播出。

第三节　导播所涉及的电视节目品种

凡是 EFP 方式可以制作的电视节目，都是导播可以涉及的节目品种，如：

①新闻节目的直播；

②室内情景剧和戏剧；

③访谈节目；

④综艺节目和文艺节目；

⑤体育赛事转播；

⑥大型新闻性、社会性活动。

必须说明的是，由于导播涉及众多电视节目的制作，因此由于节目的类型不同、形式不同，导播的工作也有所不同，合作的对象也不尽相同。新闻导播和文艺节目的导播其工作内容就大相径庭，体育赛事转播的导播和文艺导播的工作又相去甚远。各种类型的节目各有自身的特殊性，对画面的要求，对镜头的处理，对镜头的编辑点、编辑方式其要求都各不相同。即便是赛事转播，足球与篮球不同，体操与艺术体操不同，田径与游泳也不同，所以被称为“全才”、“通才”的导播几乎没有。各类导播之间可以借用，如全国第十届运动会期间，江苏电视台的赛事转播需要多名导播，体育导播数量明显不够，文艺部门的导播就过来支援。但是，也要经过一段时间的体育导播讲课、赛事转播样片观摩、学习和培训后才能上岗。

需要说明的是，我国运动会的开幕式和闭幕式一般文艺性比较强，有的几乎就是文艺表演和会演，所以这些节目一般都是文艺导播来干，体育赛事导播就不会插手了。

第四节　导播的工作——调度

虽然说导播的工作是选择 EFP 系统中各台摄像机的镜头，但并不是被动地接受摄像师传送来的任意镜头。导播的工作说到底是一种调度，即把各种景别的图像调度到一起，用各种方式将调度的图像编辑起来，成为图像的语言、画面的语言，向观众交代某件事的来龙去脉。说得通俗一点，就是图像的排兵布阵，画面的调兵遣将。具体来说导播的调度可分为以下几种。

1. 摄像机机位调度

摄像机的基本机位是三机位布局，即：1 号、3 号打交叉或不打交叉——中近景；3 号全场——全景。如果摄像机少于基本机位，可按照节目的编辑要求酌情增减；多于基本机位，可先确定基本机位，然后根据现场条件以及导播最需要增加的镜头画面来确定机位，或者安排游动机位。

机位并不是越多越好，而是要根据拍摄的要求来确定机位。有的导播生怕在节目的制作过程中漏掉镜头，要求多安排机位，甚至一个机位固定一个镜头，不作或不敢作适当的调度。这样做的后果是，虽然摄像师不会漏掉镜头，但是由于机位较多，导播看不过来，或看到之后眼手反应跟不上而漏切镜头，尤其是机位在 6～8 个以上时，最容易出这样的错误。

正确的做法是，不要被大场景吓住，好好分析场景的各种角度，分析哪些镜头可以由一个机位的摄像机来完成，在彩排时合理地进行调度。机位最好不要超过 8 个，否则，导播的眼睛确实难以胜任。加上如今综艺节目的切换速度快，导播的眼睛在一个镜头上的停留时间不能超过 0.5 秒，加上眼手的反应时间 0.3 秒，从导播看到画面再到切出，至少在 1 秒钟左右，一些快节奏的歌曲切换就跟不上了。所以要靠导播来进行合理的调度，充分利用每一个机位的摄像机，并不是机位越多越好。

另一个办法就是采用二级切换的办法，将一个导播的工作量分解成由两个到三个导播来完成。详见后文对二级切换的分析。

2. 拍摄方向调度

机位确定后，依据拍摄情况还可调整摄像机的拍摄方向，如基本机位图中的1、3号机可以用其中一台反向拍摄；1、3号机可打交叉，也可不打交叉，这些都要依现场的情况来确定。拍摄方向如果有较大的变化，如基本机位中要求3号机“反打”（指摄像机背向舞台，拍摄观众席，又称“反轴”），导播应事先和摄像师打招呼，以免临时调度不及时。

3. 景别调度

在机位、拍摄方向确定以后，导播就应向摄像师提出景别的要求，目的是为了符合编辑的规律。例如景别不同的镜头应怎样编辑，景别相同的镜头应怎样编辑，各自会产生什么样的蒙太奇效果，这也就是通常所说的导播最重要的工作——分镜头。导播必须熟练掌握镜头的编辑知识，明确并熟练各种景别的编辑效果，并能熟练操作切换台。其实，在我们所说的分镜头工作中，就包含了上述的两种调度。不仅如此，导播还必须让摄像师明确理解自己的意图，在拍摄时正确提供令导播满意的镜头，以供其切换、编辑。

4. 运动镜头的调度

固定镜头是指摄像机的机位不作移动或镜头不作变焦操作，而镜头变焦或机位作前后左右的摇移时所产生的运动画面，称为运动镜头。运动镜头动感强，充分显示画面的动态，但是用得不好也会适得其反。而且，运动镜头的编辑也有其自身的规律，运动镜头和运动镜头之间应怎样编辑，运动镜头和固定镜头之间应怎样编辑，起幅和落幅怎样编辑，运动方向同和异怎样编辑，都有技巧，都要求摄像师和导播的技术熟练到炉火纯青的地步才能在直播时运用自如、手到擒来；更要求导播和摄像师作精确的配合，画面的组接切换才能流畅自然。

5. 节奏的调度

电视节目节奏是由两部分构成的，即镜头内部画面内容和镜头外部剪辑频率。所以，镜头是动态画面的时间函数，编辑点也同样是时间的函数，都有一个节奏问题。导播的工作是对镜头进行编辑，他应该根据具体的节目要求、节目内容进行节奏的调度。具体的调度包括两个方面：

一是提示摄像师根据节目要求提供的运动镜头要符合节目的节奏。例如，拍摄歌曲节目时，摄像师的推、拉、摇、移镜头应符合歌曲的节奏，“慢歌”（指节奏较为缓慢的歌曲）镜头就要慢一些，“快歌”（指节奏较快的歌曲）镜头就要快一些，但也要注意镜头的运动要跟随歌曲的节奏。

二是导播切换时，要根据节目的要求，控制镜头编辑点的节奏。例如，切换歌曲节目，切换点应该在歌曲的节奏点上，也就是说切换点要在歌曲的节拍上，要和歌曲音乐的节奏“合拍”。

热情奔放的舞蹈，镜头可以切得“碎”一些（指切换点可以多一些，每个镜头的时间短一些），但也不能过多、过“碎”。“碎”的原则是要让人看清舞蹈的动作，切换类似的舞蹈用“急拉急推”（指用手动变焦，快速推拉）好些，但推拉也要与舞蹈的节奏或音乐的节奏合拍。

转播足球、篮球比赛，运动镜头要跟随球的运动，镜头要完整，不宜做过多的切换，否则就感觉镜头切得过“碎”。如足球运动员带球攻门,篮球运动员带球上篮,还有短跑运动员从起跑到冲刺,体操、跳水运动员一整套动作的完成等,都不能、也不应做切换,否则,就会让观众感觉运动员的动作不连贯。一定要用一个镜头拍摄完运动员的动作,然后再用动画(LOGO),将现场比赛和慢动作重放隔开,编辑起来。即使慢动作重放,也应一个动作一个镜头到底,中间不做切换。

节奏的调度是比较难以掌握的,因为节奏是一种感觉,看不见摸不着,完全凭个人的感觉,况且仁者见仁、智者见智,评价标准又不一样。难度大的另外一点是,由于节奏的掌握还要看摄像师和导播之间的配合,默契的配合不是一两天的工夫可以练就的,要靠长期的合作、协调。

6. 切换方式的调度

切换的方式是指镜头的切换采用什么方式,是硬切,还是叠画(即混合,或淡出淡入),或者分割画面,或者三维动画,这些都要根据节目的要求进行选择,有时还要根据节目的节奏来调度。如节奏明快的节目用硬切,节奏缓慢的用叠画,叠画的时间也有讲究,应符合节目的节奏。

7. 其他部门的调度

音频工程师关于话筒的安排,现场大屏幕的视频信号接驳,灯光照明还有何特殊要求,等等,都应该向有关部门提出,求得解决。

如上所述,导播的调度工作要尽善尽美地完成制作任务,就必须调度起摄像师、音频、视频工程师、灯光师等各部门工作人员的积极性,大家共同来完成制作任务。如此说来,导播的调度工作还必须加一条:熟悉各相关部门的工作,做大家的朋友,做各部门工作人员的思想工作,最大限度地调动大家的积极性。可以说人缘的好坏,也是评价一位导播的标准之一。

第五节　导播和摄像师

在 EFP 系统中与导播工作关系最为密切的是摄像师。从艺术上说,导播节目切换得好坏与摄像师有极大的关系。摄像师给的镜头好,能捕捉到现场演员、球员、观众的细微情感,能给出构图优美的镜头,是导播切换的基础。导播和摄像师的合作是否默契,是否能理解相互之间的意图,是否能做到心照不宣,也是节目切换成败的关键。所以导播喜欢与得心应手的摄像师合作,摄像师也希望与理解自己并能被自己所理解的导播共事。因此,在关键的讯道上导播挑摄像师都会选老手,新手上路一般都要先上 2 讯道或在常出大全景的讯道上磨炼几个回合。

导播和摄像师的合作具体有如下几个方面:

(1)节目制作前讨论转播或录制方案,分配镜头,制定分镜头本。

(2)转播之前亲临现场,根据场地、舞台、演员上下场通道(俗称上下场门)、观众席和各种通道的情况,安排摄像机机位。这是导播和摄像师最重要的工作,绝对不可马虎。1995 年 9 月全国城市运动会开幕式彩排中,一台摄像机架在演员下场门的通道上,被蜂拥而下的群众演员推倒,镜头和分光棱镜及 CCD 芯片损坏,三脚架也被踩坏。经验和教训告诉我们,摄像机的位置千万不可堵塞通道,妨碍人员通行。在场面宏大、人员繁多的大型活动中,尤其需要引起注意。

(3)EFP 系统中的摄像师操作摄像机通常只作变焦、聚焦、构图等镜头操作,其余摄像机的技术控制如光圈、黑电平、黑白平衡等全由转播车或演播厅导控室中的视频工程师操作,因此给好画面,不晃不虚,捕捉现场动态镜头,不丢不失,是摄像师的基本功。而充分理解导播意图,主动默契地配合导播,积极给出构图好、聚焦实的镜头,才是对导播的最好支持。导播应明确说明自己的转播企划,让摄像师充分理解自己的意图。具体工作时导播可向摄像师发出指令,指令应明确、清晰、简短、果断,如果在节目制作前互有沟通和交流,导播的指令就更具有可执行性。

1990 年 10 月,江苏电视台赴北京转播亚运会乒乓球赛事,导播要求摄像师注意捕捉运动员比赛中的神态、动作细节,及时切出。摄像师注意到我国著名运动员邓亚萍在赛事紧张时,会在比赛间隙习惯性地用手在球台上按一按,以稳定自己的情绪,便及时给出邓亚萍手按球台的特写镜头,导播也心领神会,及时切出。虽然只有短短几秒钟的镜头,但多次重复后,给电视观众留下十分深刻的印象。邓亚萍控制自己心理状态的镜头也得到中央台的肯定,认为是较好地表现了我国优秀运动员的心理素质。

(4)节目制作中导播与摄像师的交流与协调,可通过以下几个渠道。

①EFP 系统内部通话对讲系统,导播和摄像师用该系统进行语言对话交流。

②TALLY 播出指示。导播切换到一台摄像机,该摄像机机身前后和寻像器上的红灯亮为号,表示导播正在使用该摄像机,以提示摄像师和现场内的演员、观众以及工作人员。

通常导播在切到某一摄像机前会和摄像师发出指令,要什么样的镜头,然后由摄像师给出导播满意的镜头,再由导播切出。如导播在通话中说:“2 号,大全景,切到你就慢慢推到主持人中近景。”这表示导播切到 2 讯道摄像机前,2 号摄像师应给出大全景镜头,当导播切到 2 讯道,摄像师见到寻像器上的播出指示灯点亮,就开始操作变焦镜头,推到主持人中近景。

③变焦伺服手柄上的返送按钮开关。摄像师通常在寻像器中看到的画面是本摄像机拍摄的镜头。当按下变焦伺服手柄上的返送按钮开关并保持住的时候,寻像器上显示的画面是导播正在使用的、正在播出的 PGM 信号的画面。

使用返送按钮的时机——在 TALLY 不亮的时候,具体的时机把握:

首先,当导播使用其他摄像机位的图像时,如果你是一个与导播合作多时,又了解导播切换方式的摄像师,你就会根据他现在正在用的画面构图和编辑语言,预测到他需要的、想要的下一个画面构图,不用语言交流,立即给出你预测的、能使导播心仪的镜头,让导播迅速做出决定,切出你提供的镜头。这里需要的是“心有灵犀一点通”。

松开按钮,寻像器立即恢复本摄像机的图像。

其次，在导播使用 WIPE 或 MIX（划像、分割画面或混合、叠画）特技时，摄像机的本机构图很可能不适应导播切出的画面构图，这时导播会用对讲机通知摄像师“看返送”！摄像师即可用此按钮调整自己的构图在特技画面中的最佳位置，以适应导播切的 WIPE 或 MIX 的构图。

再次，在 PGM 信号叠加字幕和渲染器图标时，尤其是当字幕和图标占画面部位较大时，画面的构图又和摄像机本机的构图产生差别，这时导播应告知摄像师“看返送”！让摄像师用此按钮监看 PGM 信号，根据字母和图标来调整自己的构图。这一渠道如果用得好，从导播向摄像师要镜头，变成摄像师主动给导播镜头，说明导播和摄像师的合作已达到炉火纯青的地步。

(5)导播与摄像师的难点是歌舞类节目，难就难在这类节目切换的关键是要“合拍”，如何做才能达到“合拍”呢？

①镜头切换点不论是硬切还是混合，都应在音乐节奏点上，都应和音乐节奏对位。如果切换点是混合或 WIPE（划像特技），还必须注意混合或 WIPE 的运动速度应符合音乐的速度，就是镜头切换点和音乐节奏点合拍。

②镜头推拉摇移的速度要符合音乐的速度，随音乐的速度快而快，随音乐的速度慢而慢，就是镜头的运动速度和音乐的速度合拍。所谓“合拍”，不仅关系到导播和摄像师对音乐的理解，还要将这种对音乐的理解变成画面和镜头的流动，是导播和摄像师对音乐形象的再塑造、再创作。这是导播与摄像师的难度所在，也是衡量导播与摄像师水平高低的标准。

综上所述，导播是重要的工作岗位，也是电视圈内众人瞩目的对象，因此人们都以高标准来要求和看待他们。然而，应该指出的是，某些导播的工作也有不尽如人意的地方，具体表现在：

①专业知识老化，不学无术，不求新发展、新突破。

②轻视案头工作，不肯下功夫做分镜头文字工作，切换跟着感觉走，想到哪儿切到哪儿。有的导播竟然连一些大型社会活动的直播也敢不写分镜头剧本，切换全无章法，什么标准化、规范化，根本无从谈起。

③不熟悉设备，甚至不熟悉节目制作流程。有的导播竟然连音频一千周信号都不知道，直播前核对音频、视频信号时，居然要求关闭一千周音频信号。

④知识面不够，出现知识性“穿帮”。如十集电视专题片《铁的新四军》的编导们与摄像师们没有一个人知道项英、周子昆和袁国平三位皖南事变的烈士墓地在南京，其中的《皖南事变》一集中居然没有三烈士墓的镜头。节目播出后，面对一片质疑声的观众，编导与摄像师表示：“当时如果知道，一定会去拍。”

⑤听不进意见，有时明知不对，还是不改。如某建军节晚会，舞台背景中一面巨大的军旗上只有“八一”二字，而缺少一颗五角星，该晚会的导播先是说“不可能”，直到后来翻出“少先队手册”中的军旗图案，才作出改动。

不清楚节目制作程序，随意性很大，以可有可无的构思或想法自居，让相关制作部门的工作人员相当为难。一般来说导播随意性的原因是：案头和先期准备工作没做好，给现场的技术人员带来许多不必要的麻烦，也影响了整个节目的质量。

作为电视人，应该把看电视作为学习提高自己业务水平的机会，看人家是如何做节目的，人家做得好在哪里，有哪些不足；如果我是制作人我会怎样做。只有时刻提出问题并努力的去解决，寻找答案才能不断提高自己的业务水平。

实验指导

导播的调度：

(1)拍摄方向的调度。

以演播厅现场基本机位为例，画出机位图——▲打交叉；
▲不打交叉；
▲反打。

(2)景别的调度。

1号——人物A中近景；
2号——人物A和B的全景；
3号——人物B中近景。

(3)运动镜头的调度：起幅和落幅，运动方向相同，运动方向不同。

(4)节奏的调度：摄像机镜头运动节奏，切换镜头运动节奏。

(5)导播与摄像师的配合。

(6)在以上的工作基础上阐述一下导播与摄像师配合的过程。

思考题：

1. 你是如何理解导播的素质、职能和权限的？
2. 一位导播能否介入所有导播可涉及的节目品种？为什么？
3. 你认为导播需要资历和经验吗？为什么？
4. 如何评价一位导播的切换水平？
5. 如果你是一位导播，应如何与摄像师合作？

第三章　新闻节目的直播

本章学习要点

- 导播方式中的新闻节目导播程序、导播方式。
- 大型社会活动现场直播的导播程序、导播方式的分析。

新闻节目是电视中最常见的一类节目，从中央台到地方台每天都有多档新闻节目播出。现在新闻大都采取直播的方式，较少采用录播方式。

第一节　新闻演播厅 EFP 系统

新闻演播厅面积通常 100 平方米左右，可划分几个演区，以提高演播厅的使用率。演区内设置新闻标识的景片，景片距播音员的口播区应有 2 米到 3 米的距离，以防止播音员的投影落在景片上。也有大型的新闻演播厅，用编辑区或导控区做新闻播音员的背景，如江苏电视台广电城新闻中心（参见图 3-1-1、图 3-1-2、图3-1-3）。

图 3-1-1

图 3-1-2

图 3-1-3

正对播音员的摄像机可在镜头前设置题词器，为播音员提供新闻解说词的提示。题词器分为两种(图 3-1-4,图 3-1-5)：

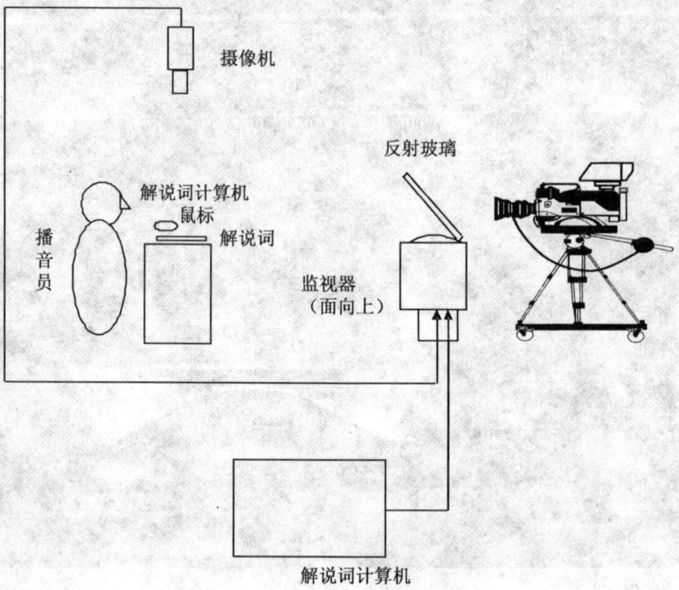

图 3-1-4　题词器示意图

图 3-1-5

1. 手推式

按一定的格式打印好解说词，播音员上方吊有一台摄像机，将解说词拍摄下来，经电缆送到播音员对面摄像机前的题词器投影玻璃上。播音员即可看到题词器投影玻璃上的解说词。播音时，播音员眼睛看着投影玻璃，由投影玻璃后面的摄像机拍摄，从摄像机的画面上看感觉播音员是对着镜头说话。播音员边说边推打印的稿纸，即可完成播出。

2. 计算机式

在计算机中输入解说词文本，计算机与题词器屏幕连接，题词器的投影玻璃上即可显示解说词。播音时由播音员自己或助手操纵计算机鼠标，使解说词移动。

此外，新闻演播厅内还应在播音员对面配置监视器（当然监视器不能出现在摄像机镜头里），使播音员在工作时看到播出的情况，以便在导播切到自己的镜头时及时开口播音说话。这也是使导播和播音员密切配合的关键设备。

播音员应有通话耳机与导控室中的导播联络，由导播向播音员发布各种指令。

新闻节目的播出时间和时长都有严格限制。演播厅应在显著位置安装标准时钟系统，以提示播出时间、剩余时间和结束时间，以便导播、播音员和其他工作人员掌握时间。

新闻演播厅的 EFP 系统一般使用 3～5 台摄像机，2～3 台放像机，2 台录像机，也可使用硬盘录像机，1 台 10 路以上的切换台，两路输入的下游键，还有备份的矩阵或切换台，两台字幕机。

摄像机机位布置一般是 1 号 3 号给两位播音员中近景；2 号拍摄全景；4 号可上小摇臂，做片头或片尾字幕的背景。比较讲究的电视台新闻演播厅还会使用大摇臂摄像机，作为大全景，用于新闻开始或结束时字幕的背景画面。

音频系统的话筒多用有线话筒，因为播音员的位置不会移动。也有用无线话筒的。调音台至少用 8 路的。

灯光系统一般使用冷光源，可减少演播厅内的热量，照明也较为均匀。也可使用冷热混合光源。

第二节　新闻节目导播方式

新闻的制作主要是将播音员的口播镜头与外拍新闻片编辑成为 PGM 信号，进行播出。早期新闻是直播，有了录像机后改成录播，后来为了突出时效性，又改回直播。新闻的直播实质上是新闻串片的直播，即以播音员的口播将一条一条的新闻短片（一般时长 1 分钟左右）串联起来，进行直播。

一、电视新闻的制作流程

从整个新闻制作的过程来看，工作流程为：

采访→初编（镜头编辑）→精编（镜头修改、上同期声字幕、配音）→审片→编播组制作串联单(主持人口播稿及新闻短片的顺序)→到新闻演播厅直播。

具体的工作程序是:记者外出采访拍片,回到台里将素材编辑、配音,制作成可播出的短片,经审查后交编播组(新闻编辑播出组);由编播组将片头片花、播音员的口播解说词、新闻短片、新闻字幕、内插广告、片尾滚拉字幕等编成播出程序清单,交导播、播音员、放像编辑、字幕员、音频工程师等工作人员进行制作或准备工作;经核对、协调无误,即可按此顺序播出。

二、栏目的导播流程

以"南京零距离"为例。江苏电视台城市频道的晚间新闻"南京零距离"是省级电视台中最早涉及民生新闻的栏目,在新闻媒体中广受关注,引起诸多专家和学者的好评。以下是江苏电视台城市频道的晚间直播新闻"南京零距离"2005年元旦的总播出稿:

"南京零距离"总播出稿(2005年1月1日18:50—19:50)

零距离总导视+广告+零距离总片头[放像]

口播:为祝贺"南京零距离"成功开播二周年,中国传媒大学《现代传播》杂志副主编、博士生导师胡智锋教授发来的贺电说:"祝"南京零距离"继续为中国电视本土化的探索作出新的贡献。"北京电视台"第七日"栏目制片人张军发来的贺电说:"热烈庆祝'南京零距离'栏目开播三周年,希望在新的一年里南京的'零距离'和北京的'第七日'一起遥相呼应,永远成为市民的'贴心人',制作出更多更好的节目,不断满足老百姓的精神和生活需求。"还有更多的短信和贺电,请注意我们节目中的游走字幕。另外我们节目中将多重开奖,关注今天的节目,幸运就在你的身边。由我们栏目举办的"2004南京十大新闻"评选活动,也将在今天的节目中揭晓。

【导语】今天上午,南京市委副书记陈家宝及其有关部门领导,一同慰问了南京一些大中型企业,这些企业在自身发展的同时,为南京的经济建设增添了活力。新年第一天,市领导慰问了仍奋斗在生产第一线的职工们。

新年伊始　市领导慰问企业职工[放像]

【导语】昨天是2004年的最后一天,每年的这一天晚上去栖霞寺撞钟、听钟声已经成了许多南京市民的习惯。今天凌晨,在有着1 500年历史的栖霞寺里,就来了两位特殊的客人和市民们一起敲响新年的钟声,他们是谁呢?

108响钟声　108个祝福[放像]

【导语】今天是元旦,春节也快要到了,市民们逛街购物准备年货时,扒手们也乘机寻找下手目标,为了保障市民外出财产安全,反扒志愿者们也活跃在街头闹市区密切注意可疑人物,昨天下午反扒队员就抓获了两名惯扒和一名贩卖假手机的不法分子。

节日你休息　反扒在行动[放像]

【导语】今天早上，二牌楼和会街75号的居民楼内，竟有十几辆轿车被人划伤。

彻夜狂玩恶作剧　数十轿车遭"毁容"[放像]

18:56 宣传片＋广告＋小片花[放像]

【导语】《江苏省道路安全条例》今天已正式实施，新交规中规定："公共汽车在高速公路上行驶时，乘坐的人数不得超过座位数，乘车人不得站立，如违规，将按照规定处罚司机。"这让南京途经长江二桥高速到八卦洲、大厂、六合的公交班车处于尴尬之中，那么这个规定今天究竟有没有实施呢？

目击二桥公交车新年运营第一天[放像]

【导语】节日来临，亲朋好友之间的聚会也多了，好朋友难得聚到一块儿总免不了要喝上两杯，不过您要是驾驶员那酒可沾不得，最近交管部门为了保证节日期间行车安全，专门组织了警力在全市各个路口夜查酒后驾车。

交警夜查酒后驾车　司机安全意识提高[放像]

【导语】昨天晚上，浦口区一家具店发生了火灾，附近居民说，这火可能是旁边某单位放鞭炮造成的。

放鞭炮庆贺竟引发火灾[放像]

19:06 广告＋小片花[放像](以下略)

从总播出稿可以看出新闻的播出一般程序为：

片头(放像)→主持人口播导语(摄像机拍摄)→新闻短片(放像)→播音员口播导语(摄像机拍摄)→新闻短片(放像)→主持人口播结束语(摄像机拍摄)→片尾字幕。

可以看出新闻的直播是电视制作两种方式，即ENG和EFP的结合，放像的新闻短片制作无疑是采用ENG方式，播音员口播图像和放像之间的切换却是EFP方式。

从新闻直播的工作程序看，有这样几个环节：

(1)导播与放像编辑、播音员、摄像师之间的配合。

从导播的工作程序来看，导播的工作是在摄像机拍摄的播音员的画面与放像机放的新闻短片之间进行切换。因此导播与放像编辑之间的配合至关重要。

导播与播音员的配合也十分重要：片头一放完，导播就应切到摄像机拍摄播音员的镜头；播音员从演播厅里的监视器上看到切出的片头切到自己，就要开始口播；口播解说词一完，导播就应切到放像，放像编辑就立即放像。一般记者编辑的短片是一片一盒，即一条片子在一盒磁带上，新闻短片用黑场(黑画面)隔开。放像编辑在审看片子时一定要将片子倒到头，并安排好哪条片子在1号放像机上放，哪条片子在2号放像机上放，千万不能出错。播出时，放像编辑还要不时提示导播："放机1!"、"放机2!"以免导播切错。放像即将结束，编辑还会用倒计时来提示导播注意，及时切出放像镜头，切回到演播厅的播音员口播镜头。

(2)导播、放像编辑、播音员与录音师之间的配合。

在导播切播音员口播时,录音师要将话筒输入通道打开并调整音量;在导播切放像时,录音师要拉掉播音员的声音,根据放机像 1 或放机像 2 的次序打开放像机的音频通道。

2006 年 8 月 10 日晚间,中央电视台的"新闻联播"即将结束,片尾滚拉字幕已走完,但是导播却不知何故没有切走画面。此时放像编辑已播放广告,录音师也推起声音,"我不吃油炸食品"的广告声已经听到,但电视画面却还是主播邢质斌,她正在取下对讲耳机,并打算走下口播台。导播发现没有切出广告画面,急忙切回放像广告,这时放像编辑正在倒带,画面上是倒带时的不稳定图像,幸好录音师拉下声音,倒带的声音没有播出。这一失误的时间约有十秒。很明显,这是一个导播、放像编辑和录音师之间配合失误的事故,主要责任当然是导播,是由于他没有及时切走片尾的主持人画面、切到广告而引起的。这时,放像编辑见放像的画面没有切出,也手足无措,慌忙倒带,而录音师反应倒快,急忙拉下放像的声音,但这时倒带的画面却被导播切了出去。如果放像编辑见出现广告没有切出的失误后,不采取倒带的"过反应"动作,而是继续放像,那么第二个失误就不会产生。导播的失误、放像编辑的紧张,造成这一播出事故的扩大。

必须指出,失误往往出现在直播节目即将结束的时候,这时导播认为直播即将结束,紧张的情绪有所放松,自己原有的高度注意力减弱,从而产生失误。而失误又使自己和其他工作人员高度紧张,产生过度的反应动作,使失误扩大。

无独有偶,据《南京晨报》2009 年 4 月 11 日报道,4 月 9 日,韩国某电视新闻在报道森林火灾的新闻时,电视画面从火灾现场资料镜头突然切回到演播厅,女主播李政旻完全不知情,正在照镜子。这看来是一个导播和播音员配合失误的个案。一般说,放像结束时尾部会有一幅静帧画面,即使在编辑资料片时没有在结尾作静帧,放像机在放像停止时也会定在最后一幅画面上静止不动。如此分析,此案很可能是导播在放像结束时,没有注意观察演播厅中拍摄女主播李政旻的镜头画面,没有注意到李政旻正在照镜子(很可能是想补补妆,这在直播中是常有的),就想当然地切出该摄像机的镜头,而李政旻也不知道放像的时间空隙有多长,加上导播也没有提示,于是就出现了一幕不该出现的镜头。如果导播注意到李政旻照镜子的镜头,并在通话耳机中提示她资料放像已结束,就可以避免。如果李政旻注意到演播厅里的返送监视器中资料片的静帧画面,也会放下手中的镜子。导播和播音员的这两个细微的失误,给直播带来一个败笔。

(3)导播与字幕员的配合。

具体步骤是:

①播出前,字幕要按程序清单的顺序做好;

②播出时,字幕员操纵字幕机负责字幕的播出;

③字幕何时出、何时下,都由导播下指令;

④字幕的位置有时是叠加在播音员的镜头上,有时是叠加在新闻短片上,这应由导播决定。

⑤字幕的内容和顺序应严格符合新闻串联单的内容和顺序,不能出错。如果不仔细检查,也会出现字幕与镜头画面不符的失误。

(4)导播是节目播出的指挥者，指令必须清楚、明白、简短，不应含混、模糊。

(5)导播要注意播出时间的余量(编播组已计算出新闻播出进行的大概时间，并逐段标注在串联单上，以备直播时参考)，经常提醒播音员和其他各部门控制时间。因为新闻的播出长度是有严格限制的，别说一秒，就连一帧都不许多也不许少。导播应注意倒计时钟，或另外安排人员提醒倒计时。如时间有余可提示播音员放慢语速，如时间不够即可提示播音员加快语速。

(6)导播在切换过程中一般使用“硬切”，不用“混合”或其他转换特技。有时会在画面上开一到两个窗口，分别切播音员和新闻短片。

三、新闻节目现场直播，导播应注意的问题

①新闻的 EFP 制作是非常快捷、紧张的，新闻的要素决定新闻的内容短小精练、信息量大。要求全体工作人员通力合作，熟悉自己的本职工作。一旦遇到问题，要明确知道如何应急，如何排除。

②新闻导播没有决定新闻内容的权力，甚至没有决定当日播出新闻顺序的权力，只能按播出程序清单的顺序，一一切出，做到安全播出即可。

③全体新闻制作人员一般都要经过较长时间的协调和磨合，但是，长年累月的重复工作，高度紧张的工作环境，难免使人产生懈怠情绪，使工作时的注意力不能高度集中，往往一个小小的失误就会产生很大影响；而失误又会造成紧张，使动作更加出错，造成更大的失误。因此，在直播中必须集中注意力，克服细微的懈怠，保持沉着、冷静，并注意放松情绪，防止过度紧张。

④在直播之前就应该想到可能发生的失误，提前做出应急预案，并进行适当的演练，防患于未然。

第三节　大型社会活动的现场直播

一、大型社会活动现场直播的导播特点

大型社会活动的直播在电视界已经成为常态，社会活动的直播不仅要向电视观众介绍该活动的重大意义，交代活动的程序和内容，而且要注意捕捉参加活动的各色人等的动作、神态和情感等细节，发掘具有新闻特点的细节。这样的活动具有较强的政治性，加之场面较大、人物众多，现场直播的难度不可与新闻的直播同日而语。但是由于这样的活动具有强烈的新闻性，因此一般都由电视台的新闻部操刀制作。为便于叙述，现举例说明。

例 1

现以纪念抗日战争胜利 60 周年向人民英雄纪念碑献花篮仪式的现场直播为例，如图 3-3-1所示：

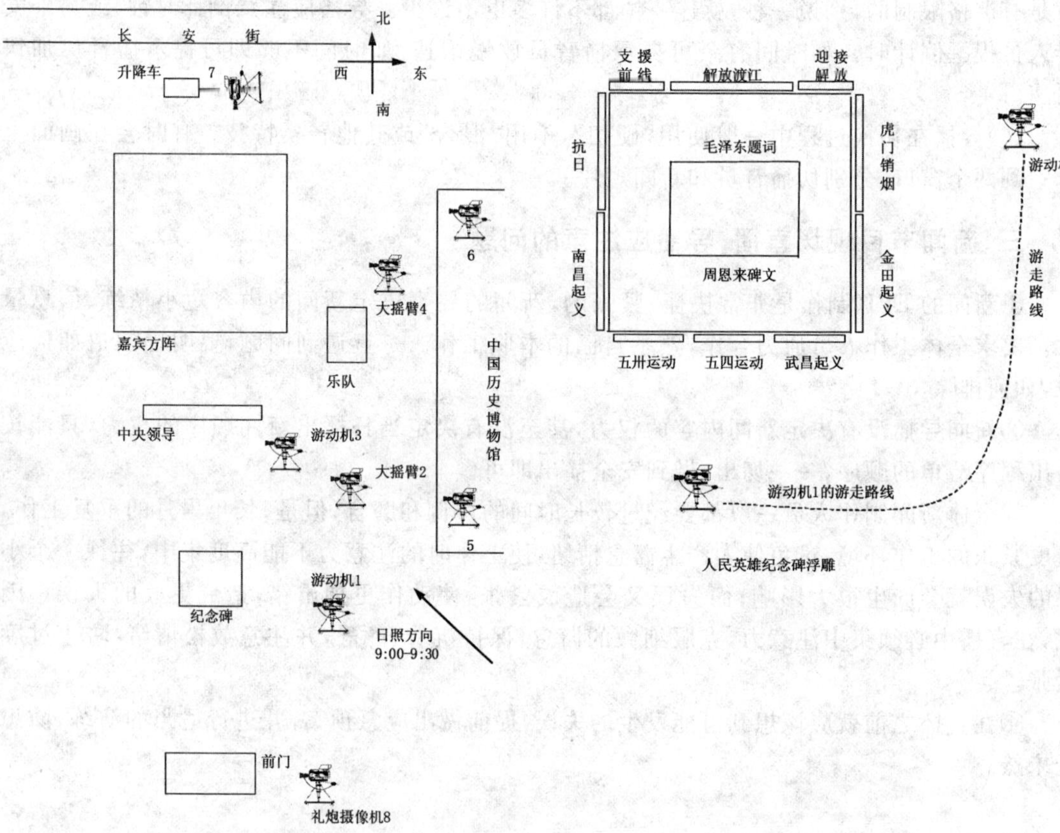

图 3-3-1

该仪式在天安门广场进行，北至长安街，南达前门，东至中国历史博物馆，西抵人民大会堂。时间是 2005 年 9 月 3 日上午 9：00—9：30。摄像机机位较多，如图 3-3-1 所示。

1. 机位分析

因场面呈南北方向，且距离过长，机位没有摆在中央领导和嘉宾方阵的正面，而是侧面而设，很大的原因是为了顺光拍摄。献花篮的主要活动由 1 号机、2 号机、3 号机拍摄。

2 号机——因架设在大摇臂上，视角宽广，运动起来气势磅礴。

3 号机——拍摄中央领导，当他们走上纪念碑并绕行一周时，可交给 1 号机拍摄，然后拍摄中央领导后面的嘉宾方阵。

4 号机——拍摄军乐队和嘉宾方阵。

5 号机、6 号机——架设在中国历史博物馆楼上，可俯视仪式会场。

7 号机——架设在长安街南边升降车上，可将纪念碑、毛主席纪念堂及仪式会场尽收眼底，全景气势雄伟壮观。

由于场面很大，因此拍摄全景的机位较多，通过大摇臂的过渡，1、3号机捕捉人物细节，得到相得益彰的效果。

8号机——远离会场，靠近前门，拍摄礼炮部队燃放礼炮的镜头，以雄伟的前门为背景，十分雄壮。

2. 导播方式分析

整个仪式仅30分钟，宏大的场面一览无遗，细节捕捉也十分到位，一丝不苟的礼仪兵，严肃的中央领导和嘉宾以及动作整齐的军乐队尽收眼帘。

唯一的缺憾是：仪式是为纪念抗日战争胜利60周年而举行的，在拍摄纪念碑下的历史事件浮雕时，有五四运动、解放战争的浮雕镜头，唯独没有抗日战争的浮雕镜头。

仪式的主体是中央领导和各界群众代表；主体施加的行为，即献花篮的主要对象是人民英雄纪念碑，那么，与主体、主要对象、主要行为形成因果关系的则是纪念抗战胜利60周年。人民英雄纪念碑的抗战浮雕理所当然应该进入导播视线（哪怕是作为背景表现），而且这是手到擒来的事。这种时政类社会活动的直播，不应该漏掉任何一个有重要意义的镜头。纪念抗日战争的活动，漏掉现场有纪念意义的抗战浮雕，不能不说是导播的一个失误，而且是较大的失误。

另外，大型社会活动的场面较大，除了多机位和多角度全景镜头之外，还应注意使用大摇臂的运动镜头，如果加上斯坦尼康，就可使镜头更具有动感。

例2

2005年4月27日国民党主席连战访问大陆，在南京拜谒了中山陵（参见图3－3－2），中央电视台与江苏电视台共同完成了这一重大新闻的直播，电视信号由江苏电视台提供，同时在中央一套、4套和江苏台卫视频道直播。

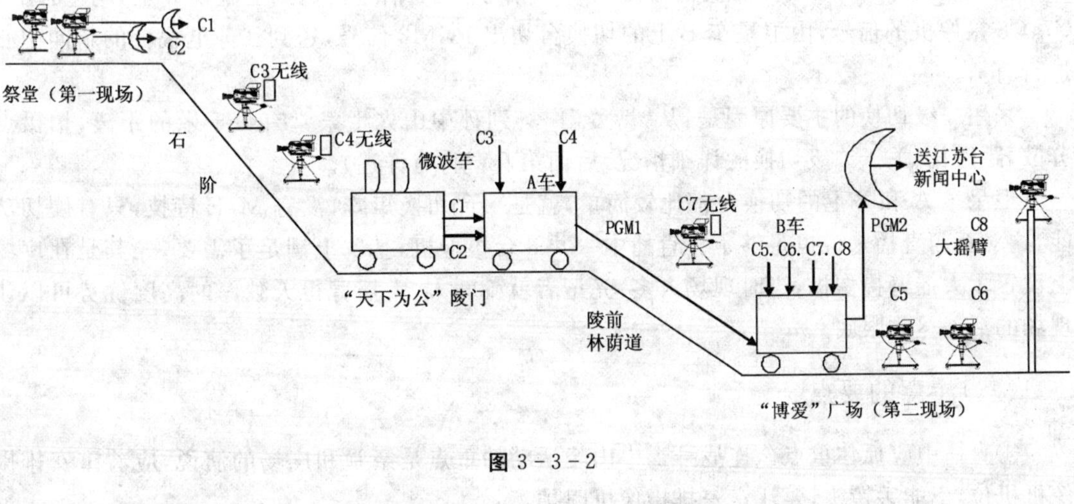

图 3－3－2

(一)机位设置和方案策划

江苏电视台新闻中心和技术中心的工作人员提前数天前往中山陵勘查直播现场，商讨转播方案，设计安排摄像机位，准备直播所需设备。具体的方案为：

在中山陵的中点“天下为公”陵门前安排了一台卫星车 A 和一台微波车。卫星车 A 接有 4 台摄像机，其中两台有线摄像机 C1、C2，设置在孙中山先生的祭堂里。因为距离过远，这两台摄像机信号分别由两台小微波发射器将电视信号(包括视频和音频信号)送到陵门前的微波车上，再用电缆接到卫星车 A 上。这两台摄像机拍摄连战一行在祭堂中祭奠孙中山先生的活动，这是直播的第一现场。

另外两台摄像机 C3、C4 是无线摄像机，设置在祭堂到陵门之间的石阶上，拍摄连战一行祭陵时拾级而上的镜头。这 4 台摄像机的信号由卫星车 A 上的切换台切换，为 PGM1 信号。

又在中山陵“博爱”牌坊前的广场上安排了一台卫星车 B。卫星车 B 接有 4 台摄像机，其中一台摄像机 C8 是大摇臂摄像机，另外两台摄像机 C5、C6 是普通摄像机；C7 是无线摄像机，可以在陵前的林荫道上拍摄。连战要在“博爱”广场发表祭陵感言的演说，这是直播的第二现场。

卫星车 B 上的 4 台摄像机的信号，加上卫星车 A 输出的 PGM1 信号，共 5 路信号接进卫星车 B 上的切换台进行切换，输出为 PGM2 信号。卫星车 A 和 B 上都装有一主一备两套地面卫星发射系统，可将 1 路视频信号、4 路音频信号上行送上卫星，再由卫星下行送到所要信号的地点。

(二)EFP 系统的二级切换

这是一个典型的二级切换的 EFP 系统。工作原理为：

C1 和 C2 摄像机经过微波送到微波车上，用电缆接到卫星车 A 上。与 C3、C4 无线摄像机的信号，由卫星车 A 上的切换台切出 PGM1 信号，这一信号再送到卫星车 B 上，与 C5、C6、C7、C8 摄像机的信号，由卫星车 B 上的切换台切出 PGM2 信号，送到江苏电视台的新闻中心进行直播。

采用二级切换的主要原因是：从“博爱”广场到孙中山先生祭堂有数千米的距离，拍摄点分散，距离长(关于二级切换的详细情况，后面第八章将有详述)。

卫星车 A 和 B 上的切换台都比较简单，就是一台切换矩阵，没有 M/E 特技，只有硬切功能，这对新闻直播来说也足够了。直播中一共 8 台摄像机，基本上满足了需要，尤其是在广场上设置了大摇臂摄像机，当时现场人多，光记者就 500 人，大摇臂得天独厚的高度优势可以让现场的活动尽收眼底。

(三)注意的要点

①直播中应抓住重点。连战拜谒中山陵活动的重点是祭堂和广场的演说，应着重安排摄像机机位，不能丢镜头，要注意安排摄像机跟拍。

②直播中要注意细节，交代摄像师注意抓拍人物的细节。如连战刚下车看到中山陵后，眼中的泪花等能表现人物内心细节的捕捉，就非常到位。

③大型社会活动应注意安排俯拍摄像机机位，或者大摇臂机位，这样，大全景镜头就十分壮观了。

例 3

以国庆60周年阅兵直播为例进行分析。

2009年10月1日上午10时，为庆祝中华人民共和国成立60周年，北京举行了盛大的阅兵式和游行活动。中央电视台进行了现场直播。

（一）EFP系统的布局

据央视相关工作人员透露，他们在天安门核心区以及周边地区部署了六大转播系统覆盖国庆庆典活动，以全面呈现天安门广场的盛况。天安门城楼、东西观礼台、金水桥、长安街和天安门广场等成为重点转播区域。现场六大转播系统中，A系统（长安街以北金水桥沿线）重点拍摄阅兵式、群众游行及联欢晚会等；B系统（天安门城楼）转播国家领导人及观礼嘉宾的活动；C系统（天安门广场礼炮阵地）拍摄国庆升旗仪式、组字背景表演、夜晚群众联欢等；D系统（东长安街沿线）全力聚焦阅兵式；E系统覆盖天安门核心区的制高点机位，包括人民大会堂、国家大剧院、毛主席纪念堂、国家博物馆。其中包括天安门广场上空的直升机航拍系统；F系统专门负责制高点拍摄，分别在天安门广场东边的国贸三期、西边的复兴门中华大厦楼顶、南边的永定门城楼上、北边景山公园山顶架设直播机位，实时传递国庆当天的首都风貌。

为此，中央电视台投入了全高清转播传输设备，启用50多台高清摄像机、两辆高清转播车、一套箱载式高清转播车以及高清光缆和20多套高清微波传输设备。

这样大的直播规模，肯定是采用分级切换的方式。按照一个系统8～10台摄像机计算，一共就有50～60台摄像机（据报道共57台摄像机）。各个系统的导播将各自切换的信号送到中央电视台，再由播控中心的总导播进行选择，最后切出。让全国、全世界的电视观众看好阅兵的盛典，显示中国电视事业的能力和进展，责任重大自不待言。

（二）摄像机机位的布局和景别分析

根据观察直播阅兵时的过程和有关资料（参见图3-3-3），笔者就阅兵式的直播分析如下：

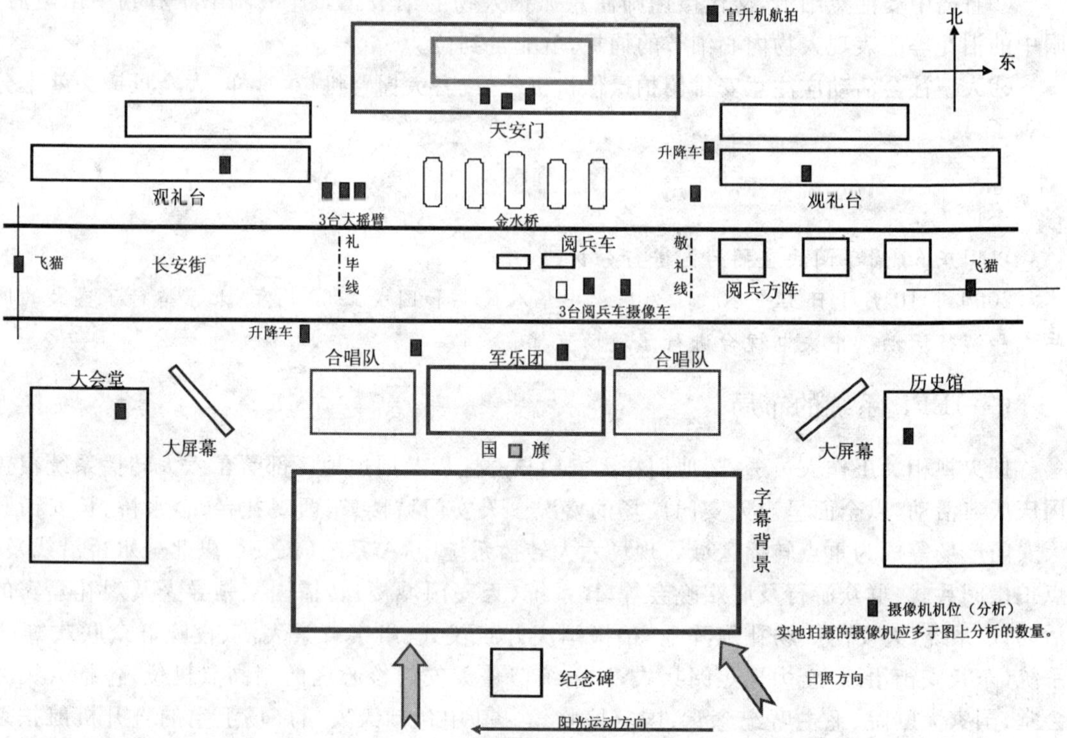

图 3－3－3

如果以长安街北侧划线，可将整个天安门广场分为两个部分：

长安街北侧为观众席，包括天安门及两侧的观礼台；长安街南侧（包括长安街）则为一个大舞台，长安街上为阅兵式的舞台，长安街南侧为军乐团和字幕背景区。因此，拍摄的主要位置是在长安街的北侧，长安街南侧可适当安排“反轴”或“反打”摄像机。导播的摄像机机位部署就是依这一原则来的。这样安排，观众席上的观众视角和电视机前的观众视角就一致了。

但是，按照北京 10 月份上午时分的阳光，这样布置摄像机机位的不足是逆光，尤其是带天空的图像，天空亮度大，使被摄物体颜色发黑，颜色还原不好，没有层次感。而“反轴”摄像机的图像因为顺光，颜色和层次都比较好，画面鲜亮，这从实况转播中较少的“反轴”镜头中就很明显地能看出。顺光但是反轴的镜头在转播中切出的频率较低，因此，反映此次转播图像不佳的声音不少。

摄像机机位根据转播的实况来分析，天安门城楼上至少有 3 台摄像机：

摄像机 1 拍摄中央领导人全景；摄像机 2 拍摄胡锦涛主席讲话的中近景；摄像机 3 拍摄大全景；介绍中央领导时，3 台摄像机还可以交替拍摄领导人的中近景，便于导播进行切换。

两侧观礼台上至少各有 1 台摄像机，拍摄观礼观众的反应镜头。

从摄像机的拍摄方向看，天安门城楼上和观礼台上的摄像机基本上顺光拍摄，也应属于“反轴”摄像机，可能偶尔调过头来拍摄阅兵部队，就看导播如何调度了。

长安街上看到有3辆车上的摄像机拍摄阅兵式，但只看到胡锦涛的中近景和阅兵车全景两类镜头，估计两辆车上有电视转播的无线摄像机各1台，还有一辆车是其他新闻媒体的摄影车。因为车队是向东行驶，摄像车在阅兵车的前方(东南方向)，所以拍摄时顺光，图像较清晰。阅兵车全景和胡锦涛中近景由受阅部队和车队作为背景，加上切换直升机航拍或者“飞猫”拍摄的镜头，显得十分壮观。

天安门东西两侧的摄像机为拍摄阅兵部队的主要摄像机。东侧有两台，1台在搭建的高台上，1台在升降车上，看上去几乎可以升到天安门城楼的高度；西侧是3台大摇臂摄像机。这样的安排几乎和1999年的国庆阅兵直播一样，但是2009年导播的切换比较注意节奏感。每一个徒步方阵和车队方阵向天安门方向敬礼的中近景都抓住了，方阵领队士兵发出“向右看”口令的中近景和声音效果十分震撼，再配上说明方阵的字幕，使电视前的观众一目了然。

此次国庆转播中首次启用了两套中低空索道摄像系统——“飞猫”。所谓“飞猫”就是悬挂在索道上的遥控摄像探头。架设在北京饭店门口低空中的一套“飞猫”沿东长安街东西向滑动，可跟随拍摄国家领导人坐车阅兵的庄严瞬间，以及阅兵方阵及游行队伍行进的侧面情景；架设在天安门西侧中山公园低空、南北纵跨长安街至人民大会堂的一套“飞猫”，可正面拍摄所有方阵行进中的阵容，观众能感受到从低空俯视阅兵队伍整个方阵向自己走来的真实感觉(参见图3-3-4)。

图3-3-4

直升机航拍摄像机镜头十分漂亮，直播的开始就是一个航拍的长镜头，从天安门北侧越过天安门，拍摄天安门广场的大全景。直升机应是遥控无人驾驶的直升机，有几个受阅飞机飞过广场的俯拍镜头(以地面建筑为背景的镜头)也是直升机拍摄的。

长安街南侧的摄像机都是“反轴”机位。从阳光的角度说,这些摄像机都是顺光拍摄,被摄部队、战车的图像清晰、层次明亮,背景带上天安门显得很雄伟,即使是带天空的镜头因为顺光也是蓝天白云,很透亮。但是因为是反轴镜头,导播切换的频率不高,电视观众看到的镜头也就不多了,不过对看到的镜头必然会印象深刻。例如,胡锦涛主席乘坐阅兵车驶出天安门,阅兵总指挥车与之会合的镜头,背景是蓝天白云下的天安门,画面十分明亮,色还原也好,层次也好;分列式第一个反轴镜头是海军方队,可能因为海军的服装是白色的,顺光效果比较好。

长安街南侧的摄像机还要完成军乐团的拍摄,军乐团指挥的镜头拍得很好,角度较低,指挥的形象显得很高大,背景是蓝天白云和天安门,因为顺光,显得色彩鲜艳,层次分明。

高架在人民大会堂和历史博物馆楼上的摄像机因为顺光,拍摄的图像很好看,就是导播切换的次数不多。

拍摄战机时,有一些以礼宾战士、红旗、天安门大屋顶屋檐、华表等为前景的镜头很漂亮。但是,可能是白平衡没有调好,有一台在建筑物上的高位摄像机拍摄飞机时,天空和飞机的颜色发灰。

声音的拾取很到位,礼炮声、胡锦涛的讲话声、部队的脚步声(由藏在红地毯下的麦克风录制)、领队的口号声、战车的轰鸣声等都很清晰。从大全景镜头中偶尔能看到录音师手持话筒,躬身蹲在受阅队伍边上的身影。

不少观众在收看直播的同时就提出图像逆光,徒步方阵和车队形象不清楚、发黑,这和摄像机机位的安排是不无关系的。

(三)与1999年的国庆阅兵实况转播对比分析

1999年的国庆阅兵实况转播与2009年的不同主要有以下几点。

①1999年十一的阳光比今年的弱,阴影不似2009年那么明显,用电视行话说就是阴影不那么“硬”,逆光拍摄的影响不是很明显(所谓光“硬”,是指光比较强,产生明显的、边界清晰的阴影;所谓光“柔”,是指光比较弱,产生的阴影不明显,阴影的边界不是很清晰)。

②1999年国庆阅兵式直播的导播在切换时用“反轴”的图像较多,即用军乐团这一侧的摄像机拍摄的图像较多。这一“反轴”图像顺光,图像显得非常清晰,层次感也好,加上背景是天安门,显得更为壮观。2009年的摄像机机位与1999年相比,基本相同,但多加了直升机的航拍镜头和“飞猫”。

③2009年采用高清和标清电视信号同步播出,标清摄像机的高亮度拍摄性能已经十分完善,而高清摄像机的技术性能还有发展和提高的空间。

④2009年在长安街南侧、军乐团和字幕背景两侧各安装了两台大屏幕,可以在天安门城楼上及两侧的观礼台上浏览直播的实时图像。因此,1999年使用较多的“反轴”图像在2009年就不能用得太多,否则会使观众席上(天安门城楼上及两侧的观礼台上)的观众有错位之感:阅兵时长安街上的部队是从东向西行进,从现场观众角度看(观众面向南),就是从左往

右，大屏幕上的图像也应该是从左往右；而从“反轴”的图像看，部队的行进就变成从右往左。如果“反轴”图像用得多，观众的视觉感就产生错位，尤其是在天安门城楼上的角度看过去，可以同时看到行进的部队和电视图像，行进的部队向右走，“反轴”的电视画面上的部队却是向左走，就显得奇怪了(参见图 3－3－5、图 3－3－6)。

图 3－3－5 现场行走方向

图 3－3－6 “反轴”画面行走方向

当然，最好是顺光拍摄，将长安街北侧拍摄分列式的摄像机移到南侧来，这样拍摄徒步方阵和车队就顺光了。但是，部队的行进方向就不是从屏幕的左边向右移动，而是相反，从右边向左移动，这和现场观众的视角完全掉了一个个儿。这样一来，拍摄字幕背景就成了“反轴”，这就打乱了原来按照“大舞台”和“观众席”的布置方式，使现场观众的现场感与现场大屏幕中的电视画面完全错位。看来这是历年阅兵电视转播的导播们不能接受的原因。如果说为了使电视画面明亮通透，1999 年的转播导播切换“反轴”镜头较多，而 2009 年有了现场的大屏幕，观众就更不能接受了，因此 2009 年的“反轴”镜头比较少，所以电视观众的反应比较强烈(参见图 3－3－7、图 3－3－8)。

图 3－3－7

图 3－3－8

那么，有没有解决的办法？如果在原来摄像机机位布置的基础上：

①转播中多切一些“反轴”程度不那么明显的镜头。可用带天安门的大全景、跟拍部队战士、车辆中近景或特写的“反轴”镜头，因为大全景中部队移动得不像中近景(固定镜头，不移动跟拍)那么明显，跟拍战士和车辆中近景或特写镜头的移动也不是很明显，这样“反轴”的效果就

不明显了。但是这样对于跟拍的摄像师来说，难度和体能消耗就增大了(参见图3-3-9)。

图3-3-9

②注意调整摄像机，尤其是要使用“自动拐点校正”这一功能。有些摄像机有“自适应高亮度控制”功能，能使高亮度的部分增加层次，不至于过度曝光；另外，注意调整光圈，可适当地使曝光过度一点，使图像暗部明亮一点。

③拍摄阅兵部队的摄像机尽量用高机位，或者使用不带天空或少带天空的镜头，这样可以减低图像的对比度，使被摄物明亮一些。

二、大型社会活动的现场直播应注意的事项

(1)直播前应尽可能多地了解与该大型社会活动有关的背景资料和相关知识。与举办单位取得联系，了解该活动的程序和内容、主持人和主要人物的背景资料。如有必要可在先期拍摄一些有关的资料录像，在直播时插入播出。

(2)直播前应深入现场，勘察现场情况。如果是室内，应注意了解主席台、讲台和观众席的情况，特别注意了解照明情况，弄清照明的色温和照度。如果是室外，应注意了解现场布置和相关的建筑，特别注意了解日照方向和气象预报。摄像机应顺光布置机位，提醒音响部门准备话筒防风罩。如果天气预报有雨，应通知参加直播的各部门准备雨具和摄像机防雨罩。

(3)根据大型社会活动现场的情况安排摄像机机位。如果现场较大，可使用特殊镜头，如拍摄全景用的大倍率变焦镜头(可达101×8.9)；可使用特殊设备，如大摇臂、升降车、斯坦尼康和话筒吊杆等。如果现场分散，距离相隔较远，超出转播车摄像机电缆的长度，或者摄像机拍摄位置移动范围大，电缆长度不够，可使用无线摄像机。这些特殊要求应尽早通知相关部门，早做准备，以防止出发时手忙脚乱，到了现场发现缺东少西。

(4)草拟分镜头剧本，向摄像师交代镜头分工。注意安排足够多角度的全景镜头；注意各全景镜头和拍摄人物神态、情感、动作细节镜头的编辑；注意镜头之间的过渡和衔接。

(5)注意捕捉与该社会活动有关联的事物和人物的镜头。

第四节　2003年美伊战争新闻直播分析

2003年中央电视台对美国和伊拉克战事的新闻直播节目是电视史上一次时间长、范围广的大事，也是近年来电视技术发展到一定水平的体现，必然引起电视人的关注。

一、直播背景

2003年3月20日一场最具现代化的战争在伊拉克打响。这场高信息化的战争激发了受众对高信息量的需求，也激发起电视人敢为天下先的勇气和责任感。

中央电视台第四频道国际频道的节目于开战首日即开始了全天24小时直播；中央电视台第一频道综合频道节目晚间21点也开始了直播，并在全天各时段的新闻栏目中滚动播出战事进程。这是中国国家级主流电视媒体第一次对战争这一特重大事件所做的一次长时间、大信息量、多视角和详细背景介绍的直播报道。大量战事动态新闻，战地记者随军拍摄的动感战场实况镜头，美伊新闻发布会的两军对垒，军事专家妙语连珠的态势分析，日新月异的军事形势图，张牙舞爪的现代兵器镜头等，使这场原本不具备悬念的战事变得扑朔迷离，将国人从百无聊赖的商场闲逛中，从熊死牛瘟的股市低迷里，从乌烟瘴气的牌桌嘈杂中，拉回到电视机前。据当时不完全的收视率统计，央视收视率白天可达8%，晚间黄金时段可达25%。伊拉克战争结束前后，各种军事和兵器杂志、书籍销售红火，茶馆酒吧出现众多业余军事评论家和国际问题评论家，不能说与电视媒体对这场战争的直播没有直接关系。

伊拉克战争开战之前，中央电视台向科威特派去由央视"名嘴"水均益组成的摄制组，会同伊拉克周边国家的记者站，组成强大的前方记者团；后方演播厅由白岩松、徐俐等主持，特邀著名军事专家和国际关系专家坐镇，且有军事科学院等国内权威军事研究机构的佐助，使直播具有浓烈的学术氛围。虽然中国的电视媒体对时效性的强调从来没有国际同行的那种迫不及待、急不可耐的意识，可是这次中央电视台对伊拉克战争的直播却一扫以往不紧不慢的习惯，强化了时效性，反映了中国电视媒体对时效性的重新认识和重新思考。

二、直播方式

(1)播音员或主持人直接播报，这是常见的新闻播报方式。播音员或主持人在演播室播报新闻稿，播报中插播有关新闻内容的动态图像镜头。

(2)随军记者的战地跟踪报道，这种方式最具震撼力。记者借助小型摄录设备和传输设备，随英美联军行军和作战方向跟踪拍摄，摇晃不定的镜头、传输误码形成的马赛克画面(这些在电视人看来是NG[No Good]，这时给人的感觉却是那么逼真)、间或传来的枪炮声和坦克装甲车的引擎声都告诉我们这不是演习，不是烟火和效果声，而是真枪真炮的实战，充满着战地现场的紧张和恐怖。随军记者以鲜血和生命来体现的责任感和事业心使人肃然起敬。

流利或局促的同声翻译使观众更具现场感,这才是真正意义上的战场实况直播。

(3)电话或电视联线前方记者。前方记者手持话筒或用电话进行播报,只不过将演播室换成前方现场,内容也较新闻稿灵活。

(4)美伊双方新闻发布会的直播。新闻发布会为战事双方发言人提供了最具表现力的舞台。美军主要介绍攻城略地和精确打击的战果,经常展示精密制导武器攻击目标,以及无人飞机和卫星拍摄的战果评估镜头;伊军发言人则以反驳美军言论为主,不时插播不知何时何地拍摄的萨达姆的镜头,借以鼓舞士气。这一战场以外的战争一直打到 4 月 8 日,美军攻占巴格达为止。

(5)专家和主持人的述评。这是直播过程中最具特色的部分,如果说前几种方式是客观叙事,那么这一部分则是专家们根据战事形势的发展做出战事趋向预测和对世界政治经济发展影响的评估。专家多以军事和国际关系专家为主,他们根据战况的客观报道,以及多年研究、积累的军事和国际关系知识,分析战守双方态势,评估战略战术的优势,分析双方军力部署的强弱,评析兵器武器的现代化程度,对战事趋势和走向作出判断。有口若悬河的论述,有妙语连珠的点评,其间或插以美伊双方军事经济背景报道的镜头,或插以双方兵器军力对比的镜头。一时间,诸如“攻击前进”、“隔断”、“机动防御”等军事术语跃然屏上;诸如“M1A2”坦克、巡航导弹、GPS 定位系统、F117 隐形战机等兵器知识成为人们的谈资;诸如张召忠、金一南等专家也成为人们津津乐道的“明星”。平心而论,军事理论界对伊拉克战争的关注程度比电视界的关注要深远得多。我军多年来形成的军事思想在今天随着世界形势的变化也应“与时俱进”,我军的军事武器装备也应“与时俱进”,才能胜任我军的现代化建设,才能更好地承担保卫祖国的重任。

(6)滚拉字幕的重复滚动播出。滚拉字幕是指屏幕下方从右向左运动的字幕,具有信息短小、明确和多次重复的特点。滚拉字幕的出现曾引起电视界的争论,赞成的认为增加了信息,重复多次记忆深刻;反对的认为干扰主要信息,分散注意力。笔者起初赞同后者,伊拉克战争期间留心滚拉字幕后逐渐改变观点:首次出现的滚拉字幕易引起人们的注意,而首尾相接的字幕易引起人的注意力疲劳,效果不好。

三、直播特点

中央电视台两个频道节目的直播虽不尽相同,但各具特色。

①国际频道直播时间长,而且几乎没有广告,这在中国的电视界是绝无仅有的,这不能不让中国的广大观众喊声“爽!”。综合频道开始从晚间 21 点起,后期从 22 点起直播,又具有央视一套的权威性,加之白岩松的主持“名气”,自然争得不少观众。军事专家和国际关系专家基本上是两个频道轮流坐班,这就使两个频道的直播内容点评大同小异。

②国际频道对战事的介绍多依据美伊双方的战争态势,较为客观公允;综合频道或许是由白岩松的主持,视角有些居高临下,观点难免有些倾向性,间或还有些悲天悯人的和平主义和人道主义说教。

③国际频道以分析双方军力战力、军事态势、预测趋向的评论见长;而综合频道则以分析战事对世界政治经济形势的影响为重,视角有点跳出了单纯的战事分析。

④国际频道的主持人徐俐等似乎因缺少军事和国际关系方面的知识，在专家面前显得较为矜持，一副小学生的模样；综合频道的主持人白岩松对世界政治经济形势的评述似乎驾轻就熟。据说为这次直播，央视许多主持人都在幕前幕后进行有关知识的恶补，以应付直播的需要。这不是什么坏事，相反值得提倡。

⑤直播过程中常见专家们正侃侃而谈，突然被主持人打断以插播新来的新闻信息。从直播的工作出发，主持人不会对专家有丝毫的不敬，专家也不会因被打断论述插播新闻而不理解。但是这种多次重复的“打断”，难免引起专家们的尴尬。可以找到某种“打断”的软方法，给专家以某种事前约定的暗示使直播的气氛更为自然协调，这是需要平时不断探讨的问题。

⑥央视对伊拉克战争的直播就其时间之长、内容之广、技术之精，所请专家之众，所述观点之多都是史无前例的，因此瑕瑜互见也很自然。编导和主持人因缺乏军事知识和世界知识露怯的事时有发生。如画面上英军“挑战者—2”坦克正隆隆驶过，解说却说美军如何如何。画面上 F/A—18 正从航母上起飞，解说却说隐形战机轰炸了伊拉克首都巴格达，等等，诸如此类的错误在直播节目中时有发生。当然，电视人不可能是全才，恶补是必要的，但作为电视编导和主持人应慎之又慎，不该犯低级错误。像这样大型的直播节目应当请有关专家做直播顾问，伊拉克战场上美军、英军和伊军所用的武器何止千百种，稍一不慎就会说错画面上的武器。因此，请专家做直播顾问是一个避免错误、省事省力的方法。

实验指导

1. 演播厅现场直播的操作步骤

(1)以“南京零距离”为例，谈谈导播与主持人的配合。

(2)以“南京零距离”为例，谈谈导播与摄像师的配合。

(3)以“南京零距离”为例，谈谈导播与录音师的配合。

(4)以“南京零距离”为例，谈谈导播与字幕员的配合。

(5)时间余量如何把握。

2. 连战访问南京，要在机场进行现场直播。已知：连战专机上午 9 点到达南京禄口机场，要在机场停机坪发表简短演说，然后进南京活动。直播要求：对连战的专机降落、演说进行直播。现场情况：停机坪到飞机跑道约 2 000 米，停机坪露天，现场记者有近 500 人。天气情况：预报无雨。设备情况：2 台 4 讯道(2 台有线摄像机，电缆 100 米；2 台无线摄像机，距离 600 米)卫星车，均可将各自信号送本台新闻中心。这样的现场如何安排直播(可提设备方面的要求)？

具体要求：

(1)试画出现场示意图。

(2)在上述图中标出卫星车与各摄像机机位。

(3)试写出导播阐述。具体为各机位布置理由、分镜头安排、切换要领与原因。

思考题：

观摩中央电视台“新闻联播”或其他电视台的新闻直播节目，试述对直播新闻的理解。

第四章 室内情景剧和戏剧的导播

本章学习要点

- 景别的调度和画面切换的原则
- 镜头的切换技巧
- 戏曲的先期录音制作方式

情景剧就是一种电视剧形式的话剧，大部分镜头都在室内——演播室或剧场内拍摄。室内情景剧用 EFP 方式录制在我国不多见，比较有名的是“我爱我家”。日本较为常见，常播江户时期的古装电视剧。采用这种方式成本低、效率高，一天能拍 7 到 8 集，但不精致。

戏剧的 EFP 方式录制以前很多见，现在因为戏剧观众的萎缩而演出较少。戏剧的节奏慢，唱腔和对白较为舒缓，有时用 EFP 方式录制可用先期录音的方法，效果较好。

第一节 机位布局

一、机位设置

情景剧一般利用一些小剧场，配置 3 台到 4 台摄像机。1 号、3 号摄像机在舞台的两侧，交叉控制舞台的两个上场门，可给人物的中景或近景；2 号摄像机可在观众席中控制全景，也可推至人全；4 号摄像机可作为游动机。

二、录音要求

话筒用长臂吊杆指向性话筒，录音师工作量较大，演员谁说话就要将话筒指向谁，而且不能让吊杆出现在摄像机镜头里。

三、情景剧导播的特点

情景剧在拍摄之前应先让演员熟悉剧本台词和舞台上的走位，基本上按照走台、彩排再演出的过程进行。导播和摄像师应看几遍戏,分配镜头,然后实拍。演戏基本同话剧一样连贯演出,拍摄通常是一气呵成,不用像ENG那样一个镜头一个镜头地拍。只要演员不出错,摄像师不出错,导播也不出错,一般不会叫停;停了也没事,从停的镜头开始往后再拍,因为拍摄结束后还要做后期编辑。

四、戏剧导播的特点

戏剧的EFP方式录制除了现场录制,还用先期录音的方式,即先将戏剧的全部对白和唱腔在录音棚里录完灌制在录像带上,然后用EFP方式多台摄像机拍摄、切换,拍摄时放像机放音,录像机使用插入编辑方式,即插入视频信号,保留音频信号。演员表演时跟着录像带上放出的对白和唱腔表演,注意对口形。这种方式录的音响效果好,演员表演注重"演",可放松"唱",表演效果也好。也叫"专录"。

五、拍摄程序

拍摄程序按走台、彩排、实拍和补拍进行,导播要做场记,以便后期编辑。

具体的步骤为:走台(导播根据走台设计机位)——→彩排(导播根据彩排设计机位的景别、寻音对口形等)——→实拍(做场记、完成戏剧的现实录制)——→补拍(对个别镜头重新录制)。

第二节 景别调度和画面切换

一、景别调度和画面切换的原则

一般情况下,1号机和3号机打交叉,景别以中近景为主;2号机以全景为主。

如果场上演员较多,1号机和3号机应给主要演员或与主要演员演对手戏的演员。构图应注意画面以主演为主,将其他演员作为主演的背景。2号机保持全景,但应将主演置于画面中央。4号机可作为过渡镜头。

在剧中人物说话时,应将说话的人放在构图的主要位置上,景别应大些。

二、景别调度和画面切换的技巧

导播在切换时应注意何时可以采用同景别切换,何时不采用同景别切换;何时用硬切,何时用混合,甚至可以考虑用划像。但无论采用什么方式切换,目的只有一个,即让观众看懂听懂情节。

1. 同景别切换

如果舞台上的演员在对话,导播可令1号3号机打交叉,同为中近景,这时可进行同景别切换。如果一个演员说话较长，另一个演员或其他演员有反应镜头，也可进行同景别切换。同景别切换的优点是干净快捷；缺点是同景别切换如果节奏太快，会给人有图像在跳的感觉。但如果运用得当，这种跳也是快节奏的表现。

2. 过渡镜头切换

在1号机中近景镜头后切一个2号机全景来过渡，再切3号机中近景。这样观众看起来比较自然、舒缓。

3. 硬切和混合

硬切给人的感觉比较快捷、紧张、急促，而混合给人的感觉比较缓慢、轻松、平稳。具体的应用要根据剧情的发展而定。一般来说，剧情发展节奏快时用硬切，发展较慢时用混合；演员在对话时用硬切，在演唱时用混合。

4. 划像

划像这一转换方式给人的感觉比较生硬，几何图形也比较僵化，现在较少使用。但有时会在开始时使用“开幕”这一划像，表示大幕拉开，也不失为一个适当的开头。

总之，景别调度和画面切换的方法多种多样，没有一种清规戒律可以把导播和摄像师锁死，只有一个原则是必须坚守的：让观众看懂、看清、看明白你导演的、拍的戏。

三、应注意的问题

戏剧的节奏一般较慢，唱腔和念白多一板一眼。摄像师可给一些推拉的运动镜头，要注意镜头推拉时应根据唱腔的节奏，随着节奏的快慢而控制镜头推拉的快慢。在唱腔切换时可多用混合和叠画。唱腔切换点应把握在节奏的点上，随着节奏的抑扬顿挫而起而落。唱腔一般都有前奏和间奏，此时可给一些空镜头作铺垫。切换得好坏见智见仁，但切换点是否在节奏点上，切换是否有节奏可以作为衡量的标准。

在情景剧和戏剧的导播过程中，导播应熟悉剧情和角色。将剧情从舞台上搬到电视屏幕上，是一种二次创作，但一般不会改变剧情的结构、形式和内容。如果在拍摄过程中有特殊的需要，如灯光效果不好、演员走位与摄像机机位产生矛盾、表演出错、拍摄切换出错等，可向现场导演提出另外补拍补录，也就是“补镜头”。

这类节目录制后一般都要经过后期编辑。但是，这种编辑比较简单：只需掐头掐尾，添加片头片尾和字幕，中间大段的情节在现场就编辑好了，一般不需要再重新编辑，最多在有些不尽如人意的地方再作一些修改。

四、实例分析

下面我们通过对典型节目的导播解析来看室内剧现场导播的程序。

1980年12月江苏电视台与南京市越剧团合作，专录该团新编的越剧《莫愁女》。现场在市越剧团排练场，江苏电视台出动一台3讯道转播车，采用先期录音的制作方法，按EFP方式录制2个小时的戏曲电视片。当年摄像机是1英寸氧化铅摄像管摄像机，技术指标差，又是分立元件,稳定性也差;录像机是模拟复合的 3/4 英寸磁带的 VO－2860,转播车上还没有配置,是向录像组借用的“宝贝”;工作人员对字幕机更是连听都没听说过,只是在一张小桌边装上小摇把,剧团的剧务把唱词用白色颜料抄写在一卷黑纸卷上,装在小桌的小摇把上,用一台工业摄像机拍摄,送到转播车切换台的下游键作字幕。演员演唱时,字幕员开灯,跟着演员的演唱摇动手把,字幕纸卷经过一个只有一条字幕空洞的黑幕,显现出来。演唱一完,字幕员关灯,字幕就看不见了。

节目录制分为两步:

(1)录音。

在建声条件较好的录音棚中将《莫愁女》全剧,包括唱词和对白,全部录在录像带上。注意,录像带要事先录上控制磁迹(即 CTL 磁迹)。

(2)录像。

在越剧团排练场人工搭景,用 EFP 方式录制全剧。录像机采用“插入编辑”方式,保留声音,插入图像。现场播放戏曲唱词和对白,演员跟着录音表演,3 台摄像机拍摄不同景别的镜头,由导播切换,录像机记录下 PGM 信号。这样演员表演就可不必注重唱和念,只要注意对口型,注重表演即可,加上没有观众,录制的质量显然比在剧场演出好得多,这就叫“先期录音”。

具体的工作过程是:当时摄像机需要预热,2 小时后拍摄效果才达到最佳状态。在这之前,演员走台、导播设置机位和景别、电视台的其他工作人员做灯光和技术准备工作。下午 4 点开机,演员彩排,导播和摄制组设计镜头、调整导播方案、调试设备,做好拍摄前的准备工作。6 点正式开机实拍。录音师放音、演员表演、对口形,一遍不过再补拍,一直到夜间 12 点。第二天再接着拍。最后《莫愁女》终于在中央电视台得了戏曲片一等奖,南京市越剧团的青年演员陶琪也因此小有名气,今天她已成为江苏省的优秀演员,戏曲“梅花奖”得主。

可惜的是,进入 20 世纪 90 年代,我国的传统戏剧开始走下坡路,电视转播戏剧越来越少。进入 21 世纪,江苏电视台几乎退出戏剧转播的舞台。如今,只能在央视 11 频道还能看到戏剧的转播。

实验指导

设计一个情节,写出文学本,找几位同学当演员,排一段戏完成下面的操作程序:

(1)设计机位图和景别;

(2)策划导播的切换方式、拍摄计划、走台程序、彩排的场记等;

(3)撰写分镜头剧本;

(4)给摄制组做一段导演阐述。

思考题:

什么叫“先期录音”? 在电视节目的制作中为什么要采用这种方式?

第五章　访谈节目的导播

本章学习要点

- 访谈节目的调度
- 访谈节目的切换要领

访谈类节目是当今电视台上镜率较高的节目。这类节目规模可大可小，小的只有主持人和嘉宾（即采访人和被采访人），人数最多一般不会超过 4 到 5 人；大的除了主持人和嘉宾之外，还有观众。这些观众不仅上镜，其各种反应情绪可做切换的镜头，而且也参与节目，可以向主持人和嘉宾提问或发表看法。

第一节　访谈节目调度

一、EFP 系统配置

制作访谈节目的演播厅和 EFP 系统配置可大可小。小的一般 100 平方米，3 台到 4 台摄像机；大的一般 200 平方米，4 台到 5 台摄像机（参见图5－1－1）。

图 5－1－1

小型访谈节目主持人和嘉宾通常都坐在位置上不会走动。大型访谈节目主持人和嘉宾会在现场走动。例如，开场时主持人会请嘉宾入场；采访时主持人会走到观众席去采访观众。因此小型访谈节目一般用有线话筒，大型访谈节目多用无线话筒。

另外，大型访谈节目的制作现场应配置大屏幕或较大的监视器，可让现场的观众和演职人员看到 PGM 信号或播放有关节目的镜头素材。

二、景别调度

一般说来，访谈节目使用摄像机的基本布局，1 号、3 号摄像机交叉拍摄主持人和嘉宾；2 号机打全景；如果有观众参与，就用 4 号机反打观众席。

1 号机和 3 号机打交叉，一般给中近景；2 号机全景，如果能带上观众席则最好(哪怕用观众做前景)，否则就给主持人和嘉宾的全景；4 号机反打观众席。

观众席的镜头可在下列几种情况下选择：

①观众席的大全景。

②4～5 位观众的中近景。

③4～5 位观众的中近景摇摄镜头。

④反应较为激烈的观众特写镜头，如哭、笑，等等。

主持人请嘉宾入场的时候，摄像机可以给进场人全景，不一定给大全景。如果有大摇臂就更好了，可从人全摇移拍摄到带观众的大全景。

三、切换要领

1. 切观众的反应镜头

访谈节目的节奏一般不快，在主持人和嘉宾讲述的时候，尤其是长篇大论的时候，可以切观众的倾听镜头或反应镜头。但是这些插在主持人和嘉宾叙述镜头中的观众反应镜头不宜过长，应把主要镜头留给叙述者。观众的反应镜头不要只停留在个别人身上，选择的面要宽一些。

2. 切入短片镜头

访谈节目如果要播放外拍的素材镜头，或者诸如情景再现、场景再现等由演员表演的镜头，会使现场显得活跃，也会使节目生动好看。当然这些镜头所反映的事应是访谈节目所谈到的真人真事，来不得半点虚构。为表示场景再现的特点，有时会用黑白或者单色来取代彩色，这类镜头拍摄一般用 ENG 方式拍摄，经处理和编辑后，作为素材在放像机上播放。播放的时机由导播发出指令并切出，可在现场的大屏幕和监视器上播放给观众观看，也可作为素材在后期编辑中使用。

3. 切入单挂或单切信号

访谈节目节奏较慢，导播可在 PGM 信号切换的同时，利用切换台上的辅助母线切一路单挂或单切信号，这一路信号可由 PGM 信号录像机以外的单挂信号录像机记录下来。

要注意的是：

(1)单挂信号的切换不应影响 PGM 信号的切换。

(2)单挂信号切换时摄像机上的 TALLY 灯(播出指示)不会亮,必须由导播在通话中告知摄像师。

(3)一般说来,单挂信号拍摄的多为反应镜头,有主持人、嘉宾和观众的,作为后期编辑的补充镜头使用。

四、访谈节目导播应注意的问题

(1)访谈节目一般不会很活跃,此类节目引人入胜之处不是画面如何漂亮,镜头编辑得如何讲究,而是话题的引人入胜。主持人应把握话题的走向,问话要击中要害、恰到好处;嘉宾的叙述要条理清楚,有理有据,语言生动;观众的提问和叙述要有条理,可以稍加组织。

(2)访谈节目都会经过后期编辑,尤其是带观众的访谈节目,导播的工作可稍放松。为活跃节目气氛,可加入背景音乐。背景音乐一般是在现场安排键盘或小乐队根据现场的气氛演奏音乐。但要注意,如果有键盘音乐或其他音乐作背景,应将语言声和音乐声分别记录,即语言记录在一个声道上(通常是 1 声道),音乐记录在另一声道上(通常是 2 声道)。这样在做后期编辑的音响合成时,不论图像如何编辑(图像要根据访谈的内容及现场对话的情况来进行编辑),素材带上的背景音乐总是连续的、不间断的,最后音响合成时背景音乐与语言合成,背景音乐就不致中断。

第二节　典型节目制作分析

(一)导播现场情况分析:“今日关注”栏目

2006 年 6 月 22 日中央电视台第四套国际频道晚间的栏目“今日关注”,题目是:“近距离观察美军关岛军演”。

主持人:鲁健;3 位嘉宾:嘉宾 1 是外交方面的专家,中国社科院美国研究所的研究员陶文钊教授;嘉宾 2 是军事方面的专家,中国军事科学院世界军事研究部的副部长罗援;嘉宾 3 是受美军邀请赴关岛采访的中央台记者郑冰。

摄像机位约 4 台。2 号机全景,1 号机主持人,中近景;3 号机、4 号机拍摄嘉宾:3 号机给 3 位嘉宾的全景,4 号机在嘉宾说话时推拉说话人的中近景(同学们可根据叙述试画出示意图)。

话题由关岛美军的“勇敢之盾”军事演习展开:中美两国尤其是中美两国军队这些年的关系;美军大规模军演的目的;自 2002 年中美发生撞机事件以来的关系变化;美军邀请我军观摩美军军演的目的。

谈话间有许多美军军演的镜头播放,主持人鲁健常常要求导播定格画面,就画面中的问题提问 3 位嘉宾。话题自然、引人入胜,军演镜头自然也很生动,但是中央台的记者郑冰的军事常识差一些。如画面上一架 E－3 在降落，他说“一架飞机降落了。”边上的军事专家罗援补充说：“是一架预警机。”画面上一位年轻男兵和一位女兵在航母上操舵，他说：“18 岁的男兵和 23 岁的女兵指挥航母。”军事专家罗援纠正道：“这两位只是操作手，按指令操舵，指挥航母的至少是舰长或副舰长。”类似这样明显的问题难免会影响节目的质量。

中央四套做的访谈节目的新闻性较强，一般都是人们关心的新闻访谈。现在的访谈节目题材十分广泛，不仅仅局限在新闻类。访谈类节目牵涉人员不多，题材又比较广泛，因此各电视台都做得较多，江苏台就有“服务先锋”、“情感之旅”，等等。这些节目都有观众参与，都有 ENG 外拍镜头的重放；动用演播厅也比较大，都在 600 平方米演播厅制作；摄像机一般都要用5～6台，都要用大摇臂；都是录播方式，一般录像 2 个小时，编辑成片为 1 个小时。

（二）导播方案分析：“情感之旅”栏目

1. 机位设置与景别设计

江苏电视台新闻综合频道“情感之旅”栏目的制作现场在南京电影制片厂 670 平方米的演播厅，共有摄像机 5 台。摄像机 1、2、3 号机是基本机位布局：1 号机拍摄主持人陈怡中近景；2 号机拍摄主持人和嘉宾的全景；3 号机拍摄嘉宾的中近景；摄像机 4 号机反打观众；摄像机 5 号机是大摇臂，拍摄开场、终场、嘉宾进场等镜头（如图 5－1－2）。

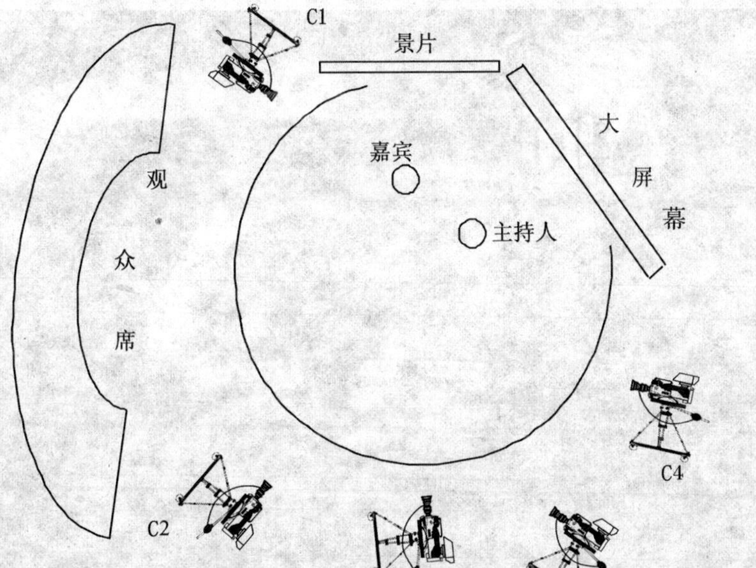

图 5－1－2

大屏幕一般时间放“情感之旅”的栏目标识，是一定格字幕，当需要播放外拍的 ENG 镜头时，导播助理在机房的大屏幕切换开关（大屏矩阵）上切出，镜头播放完毕，再切回定格的栏目标识。

2. 节目主题形式(导播方案)

这一栏目是帮当事人寻亲、寻友的节目,2006 年 6 月 24 日做了一档当年唐山地震救灾的解放军战士寻找当地拥军群众——一位老大妈的节目。

节目背景资料:当年的影片资料(编辑找到的);照片(当事人提供了 1976 年在唐山救灾的 3 个月与这位大妈的合影);外拍镜头(当年 19 岁的当事人现今已 50 岁了,对他访谈配之以"寻亲"的主题)。

现场镜头。虽然因年代久远、时过境迁,当年的小战士没有找到当年的老大妈,但唐山的老人只要一听说是当年救灾的解放军找人,就像遇到了自己的亲人,感激、激动、感谢等真情都被镜头真实地记录下来。"寻亲"已经不是原来意义上的个人的行为,而是"拥军爱民"的社会行动,感人至深的情感已经远远超出"寻亲"。

(三)导播方案分析:"人间"栏目

江苏电视台 2007 年开播的"人间"栏目是反映社会民生百态的访谈节目,节目采取录播方式,即用 EFP 方式录制素材,然后进行后期编辑,制作成 50 分钟的节目,再择期播出。该栏目社会反响较好,收视率也比较高。江苏电视台给该栏目配置了 600 平方米的演播厅,6 讯道的 EFP 系统,并配置了一台大摇臂(参见图 5-1-3)。

图 5-1-3

以下是2009年3月30日江苏电视台“人间”栏目制作的一个文学本。

主持人：周舟

导播：于丽

放像：

“人间”栏目片头。

主持人口播：(现场)

正在发生的事件，共同经历的情感。广东女孩何雨秀给我们打来电话说，她和男友邓强相识两年，感情很深，可当两人准备谈婚论嫁时，男友突然不辞而别了。然而，记者在调查中发现，在看似简单的男女感情纠葛的背后，竟充斥着种种背叛与谎言。那么，秀秀能找回她的男友吗？一起走进今天的人间故事。

放像：(记者采访与口述)

接到电话后，我们赶往广东找到何雨秀。她和我们说，男友邓强一直对她很好，两人的感情也很深，不久前两人还拍了结婚照，买了结婚戒指，正当她憧憬着美好未来时，邓强突然不辞而别了，那么邓强为何要不辞而别呢？他又会去哪里呢？

何雨秀上(现场)

主持人：怎么认识邓强的？

何雨秀：(略)

主持人：邓强身上有哪些优点吸引你？

何雨秀：(略)

主持人：两人感情已经发展到哪一步了？你认为邓强为什么要选择不辞而别呢？

何雨秀：(略)

放像：

邓强的不辞而别，让秀秀伤心不已。邓强走后，她在邓强没带走的日记本里发现一张女孩的相片和地址，那时她才感觉到邓强有可能是和别的女孩走了。那邓强为什么要这样做呢？他又会去了哪里呢？他是和日记本里的女孩在一起吗？

主持人：邓强出走有什么征兆？有什么异常表现？

何雨秀：他什么也没有对我说，那天晚上他说要上洗手间，后来人就没有了。

主持人：你有没有去找邓强？

何雨秀：找的，我去了十多个网吧，最后昏倒在路上，去了派出所。

(以下从略)

从以上的文学本分析，现场制作的过程一般是：

放像(栏目片头)→现场(主持人)→放像(素材)→现场(主持人和被采访者镜头的切换)→放像(素材)→现场(主持人和被采访者镜头的切换)……

由于访谈节目的节奏不是很快,因此导播和放像编辑的配合一般没有太大的问题。这里要注意的是,根据情节的发展、主持人和被采访人的情绪变化,导播应注意提示摄像师捕捉被采访人的表情,及时改变构图。在切换过程中,导播不仅要将镜头切给讲话者,还要注意听话者的反应情绪,注意在讲话者说话的空隙,切换听话者的反应镜头。

(四)节目制作分析:"非城勿扰"

1. 节目概况

"非诚勿扰"作为江苏卫视的新王牌节目,在2010年年初异军突起,收视率一再刷新纪录,该节目中引发的婚恋观点激烈碰撞,从而成为全社会讨论的热点。节目中的嘉宾特色鲜明,言语犀利大胆,极具个性,同时不乏动人的情感故事,因此在节目收视高的同时,多位嘉宾也迅速成为网络红人。根据索福瑞34城市收视调查显示,"非诚勿扰"连续三期节目收视率有突破3%的表现,在4月中旬的节目收视率高达3.76%。

节目由江苏电视台主持人孟非主持,节目形式是以EFP方式在江苏电视台3千平方米的剧场录制,每周六录制两档,经过编辑后于两个星期之后的周六和周日各播出一档。每档节目的男嘉宾为5人,女嘉宾24人,还有一位节目现场点评人乐嘉。

2. 节目类型定位分析

从节目的形式看,该节目显然不能归属于综艺类的节目,因为从头至尾没有一个文艺类型的节目出现;说它是选秀类型的节目也不是十分贴切,说它是访谈类节目倒是有点相像。

因为从节目的录制角度看,它通篇是对话和讲述,没有丝毫文艺形式的表演,只有背景音乐才使节目有那么点文艺的味儿。而背景音乐只是为了烘托现场气氛,绝对没有喧宾夺主的意图。因此本文出于EFP制作方式的要求,将它归入访谈类。它确实也有访,也有谈,从导播和摄像师的角度,从音频、视频和灯光等工作人员的角度看,与访谈类节目的制作方式基本相同。

3. 摄像机机位安排

现场制作使用8台高清摄像机,其中C1、C2和C3使用25×7箱式镜头,C1和C3多用于拍摄女嘉宾席位上的24位女嘉宾,C2主要用于拍摄点评人乐嘉;C1和游动机C6拍摄女嘉宾从进场门进入现场的镜头,C6配置了17×4.5广角镜头;C4和C5是反打摄像机,配置了22×7.6标准镜头,用于拍摄主持人孟非和男嘉宾;C8高架在广告屏幕的上方,配置了17×4.5广角镜头,用于拍摄现场的大全景,主要用于VCR播放嘉宾的资料时,做分割画面的特技镜头;C7是大摇臂,配置了17×4.5广角镜头,用于拍摄现场的全景镜头。

导播没有文学本,只有一个流程,基本上是临场发挥。当然,录制之前,对男女嘉宾会有一定的训练和培训,如站姿,如何对话筒讲话等,以适应节目的制作。录制的时间为2小时,编辑后为1小时10分钟,植入广告后进行播出。

录制过程中,导播的切换也相对简单,因为节目基本上是以对话形式展开,节奏也不是很快,所以导播基本上以硬切为主,加以少量的混合叠画,一般不用特技。只是在VCR放像介绍嘉宾时，会用 C8 摄像机的全景信号与 VCR 播放嘉宾的资料做一个分割画面的 WIPE 特技，并将此画面送到现场的大屏幕上，让现场嘉宾和观众观看。

录制时，导播和摄像师(尤其是 C1、C2、C3 摄像机的摄像师)必须熟悉 24 位女嘉宾，女嘉宾说话时，摄像师应以最快的速度找到说话人，并给出恰当的构图，便于导播迅速切换。因女嘉宾有 24 位，各人说话又带有随机性，因此要迅速找到说话人，再给好构图，难度可想而知。但可以用大摇臂 C7 或游动机 C6 先给出过渡镜头过渡一下，给 C1、C2、C3 摄像师一点时间找到说话人，并做好构图再切换过来；而 C4、C5 的工作稍轻一些，拍摄对象只有主持人孟非和男嘉宾，不会像 C1、C2、C3 摄像师那样大幅度地摇动摄像机来寻找说话的女嘉宾。游动机 C6 在女嘉宾进场时，跟拍进场门前一个个佳丽经过画面的镜头，大摇臂 C7 这时给出女嘉宾鱼贯走向各自的席位；C8 给出大全景，这三台摄像机的镜头可以让导播从容进行切换。而男嘉宾是从女嘉宾席对面的电梯中下来再进场，这时只要 C4 或 C5 拍摄就可以了。

实验指导

一访谈节目，嘉宾 2 人，主持 1 人。直播实况镜头如下(编辑方式全部硬切)：

主持和嘉宾全景——主持中近景——嘉宾 1 中近景——主持和嘉宾全景——嘉宾 2 中近景；

主持和嘉宾全景——主持中近景——嘉宾 2 全景——摇、推到说话的嘉宾 1 中近景——主持和嘉宾全景——嘉宾 2 中近景，摇到嘉宾 1 中近景；

主持和嘉宾全景——主持中近景——嘉宾 1 中近景——嘉宾 2 中近景——主持中近景；

试根据上述 3 种情况判断现场各有几台摄像机，机位安排，并说明 3 种情况的不同点和原因。

要求：

(1)试画出机位图。

(2)根据机位图写出理由。

思考题：

1. 访谈节目在制作前是否要与被访谈者交流、沟通？为什么？

2. 观摩一个访谈节目，试做导播阐述。

第六章　综艺节目和文艺节目的导播

本章学习要点

- 综艺节目导播的总体策划、景别调度
- 综艺节目的切换难点、要领和要求
- 音乐会的导播特点和要领

综艺节目是近年来电视界流行的节目，它来源于文艺节目，但火于文艺节目，热于文艺节目，闹于文艺节目。综艺节目形式多样，场面庞大，气氛热闹；主持人和嘉宾不拘形式，可多可少，台上台下，又蹦又跳。

文艺节目主要是文艺晚会，节目一般为歌舞、相声和小品等，观众一般不参与节目的演出，只需切换一些观众反应镜头作为过渡；主持人多以报幕和串联词朗诵为主，活动范围也不像综艺节目主持人那么大。这一类节目都需要走台和彩排，一般一场走台一场彩排。也有特殊的，如中央电视台的春节晚会，从酝酿、策划、安排确定节目、走台、彩排、录制备播带，到最后直播，大约提前半年。

第一节　EFP 系统配置

一、机位设置

综艺节目和文艺节目因场面较大，多在电视台中较大或最大的演播厅里录制。一般600～800 平方米的演播厅配置 6 台到 8 台摄像机，至少配置 1 台大摇臂作推、拉、摇、移的镜头。有条件的还可配置 1 台带软轨的小摇臂，做横贯全场的移动拍摄。演播大厅里可配置大屏幕来播放 PGM 信号或有关节目的素材镜头。

机位布置除 1、2、3 号机正常三点布置外，4 号机游动，5 号和 6 号机作大、小摇臂。

二、导控室

导控室内的切换台一般使用16路或者32路的大型切换台，可对信号进行二级以上的混合和特技（M/E）处理。2路以上下游键（DSK），2台放像机，3台录像机，2台记录PGM信号，一台记录单挂信号。两台字幕机，一台渲染器。

三、音频

因为综艺节目和文艺节目的主持人和演员活动范围很大，使用有线话筒很不方便，话筒多用无线话筒。主持人可用手持无线话筒，演员因表演需要，使用领夹式无线话筒。

综艺节目常会有观众打电话参与的项目，可使用电话桥。电话桥是一种可将电话的微弱信号放大的设备，电话信号放大后作为调音台的一路输入信号，由音频工程师调整它和现场其他声音的比例。现场的主持人可用手持话筒与观众在电话中交流，电话那一头的观众可在电话中听到主持人的说话，演播厅的观众也可听到打进电话观众的说话，这些声音都成为PGM信号的音频信号，进入直播或录制。

四、灯光

灯光系统除了一般照明外，也可采用追光灯和电脑摇头灯，还可用筒子灯加黑幕，放烟雾，打出光柱，以烘托现场气氛，烟量适可而止，有光柱即可。

第二节　景别调度和画面切换

一、导播的总体策划和要求

（一）机位策划（参见图6-2-1）

综艺或文艺类节目通常是摄像机1号机、3号机打交叉，拍摄舞台上的主持人或演员，中近景；摄像机2号机给舞台全景；摄像机4号机反打观众席，全景或中近景；摄像机5号机上小摇臂以观众为前景，做舞台的横移运动镜头；摄像机6号机上大摇臂提升起来做全场的大全景。这里5号机和6号机的镜头最好选用焦距较小的广角镜头，多使用10×4或8.5×4的广角镜头。因为广角镜头给出的全景最为深远，景深也较大，所以可使大摇臂摄像师的聚焦操作简化，减轻大摇臂摄像师的工作强度。

（二）主持人景别设计

拍摄时，如果是一个主持人，镜头可从人全推到中近景；如果是两个主持人，可从两人全景推到两人中近景。

舞台上如果连演员共有 6～7 人，则可用大全景接中近景的摇镜头；也可用人全推到正在说话的人的中近景。

（三）舞蹈节目的景别设计

拍摄舞蹈节目时，一般用人的全镜头，要让观众看清演员的动作；在停顿或亮相时可推至中近景或特写。

切换的节奏和镜头推拉运动的节奏要和舞蹈音乐的节奏合拍；切换和镜头的运用要兼顾舞蹈和音乐，不要“瞎切”、“乱切”。

一般说来，切换点不要过多，不要切得过“碎”，可用长镜头拍摄。因为舞蹈是连续的，要让观众看清舞蹈演员的连贯动作。

（四）独唱节目的景别设计

独唱音乐节目如果带伴舞演员，可适当给伴舞演员一些人全镜头。前奏和间奏时最好能切一些不带人物的空镜头，如花、灯、景片等，也可切伴舞的全景。

演唱过程中，拍摄演员特写镜头的摄像机可加效果镜，这样演员头上和胸前的装饰物产生的高光点就会发出米字或十字形光芒，显得较有艺术感。如果演员特写无高光点，则不应加效果镜，因为加效果镜会影响摄像机的清晰度。

独唱或其他音乐节目的切换要特别注意切换点要在音乐的节奏点上。不论是使用硬切或者混合，还是使用镜头的推拉和摇移，都要和音乐的节奏对位，都要合拍。

（五）相声节目的景别设计

相声的切换通常是 1 号机 3 号机打交叉，2 号机打两人的全景。

抖开包袱观众大笑的时候，可切一些反应镜头，但不可太多太长，应把主要镜头给演员。

（六）小品节目的景别设计

小品的切换可借鉴情景剧的切换。多给演员一些中近景，使观众对演员有较深刻的印象。遇到可笑情节时可视情况切一些观众欢笑的镜头，但要避免过多过长，不能因切观众反应镜头，丢了小品的情节交代。

例如 2004 年春节晚会上的小品《昨天、今天、明天》中，赵本山和宋丹丹说到倪萍和赵忠祥是各自的梦中情人和偶像时，切了一个倪萍和赵忠祥大笑的反应镜头，就很有趣味。但是，春节晚会直播给人的感觉是反应镜头有点过多过长，这大概是春晚的导播想让全国的电视观众看到现场的观众是如何开心的吧。

（七）字幕的处理

字幕作为节目的名称提示和唱词的提示，应注意让观众有足够的时间看清，并适时移出画面，让观众欣赏节目。

应当指出的是，一些综艺节目的字幕和渲染器出的画面太多太大，几乎遮盖了摄像机的画面而影响观看，这应引起注意。

（八）现场特殊情况的处理

近几年来，演唱会成为时尚演出，这类节目的录制基本上可与综艺类节目相似。但考虑到现场扩音设备震耳欲聋，舞台附近的摄像师可能听不清导播发出的指令，所以应事先做好镜头分配的交代。

另外，这类演唱会演员一般都会走到台口与观众交流，可安排一台游动摄像机在舞台上，不仅可以反打观众的反应，拍摄演员作前景的观众镜头，还可以拍摄演员走下舞台与观众互动、交流的镜头。如果有斯坦尼康，就锦上添花了：晃动不定和歪斜不平的镜头正好反映歌迷们如痴如醉的感觉。

（九）文艺综艺类节目的拍摄和切换难点

导播与摄像师的难点是歌舞类节目，难就难在这类节目切换的关键是要“合拍”，如何做才能达到“合拍”呢？

(1)镜头切换点不论是硬切还是混合，都应在音乐节奏点上，都应和音乐节奏对位。如果切换点是混合或 WIPE（划像特技），还必须注意混合或 WIPE 的运动速度应符合音乐的速度，这是镜头切换点和音乐节奏点合拍。

(2)镜头推、拉、摇、移的速度要符合音乐的速度，随音乐的速度快而快，随音乐的速度慢而慢，这是镜头的运动速度和音乐的速度合拍。

所谓“合拍”，不仅关系到导播和摄像师对音乐的理解，还要将这种对音乐的理解变成画面和镜头的流动，是导播和摄像师对音乐形象的再塑造、再创作。这是导播与摄像师的难度所在，也是衡量导播与摄像师水平高低的标准，也是需要再次被强调的。

（十）歌舞节目的拍摄小结

1. 舞蹈的切换要点

舞蹈的语言是动作。拍摄的重点是围绕舞蹈动作。

(1)镜头切换不要太“碎”，即切换次数不要太频繁、镜头长度不要太短，否则看不出舞蹈动作的连贯性。

(2)注意多给演员的人全镜头，让电视观众看清舞蹈动作。以大全景作场景和氛围的烘托，以少量中近景、特写镜头表现人物形象。

(3)无论是硬切还是混合或是划像，切换点都要在舞蹈音乐的节奏点上。

2. 歌曲的切换要点

歌曲是诗歌的韵律表现，拍摄重点是表现演员情感和旋律的融合。

(1)无论切换的方式和镜头运动的方式如何，切换点和镜头运动都必须在音乐的节奏点上，这是比舞蹈节目更需要强调的要点。

(2)主要演员可以以人全、中近景、特写镜头表现，但要注意节奏；以大全景作场景、氛围和伴舞的烘托。

(3)歌曲的前奏和间奏不要给主要演员的中近景或特写，而要以空镜头或伴舞的全景、个别伴舞演员的人全镜头作为过渡。

(4)合唱可以以儿位合唱队员中近景、摇移运动镜头来表现合唱队员的表情，摇移的运动节奏要符合音乐节奏。

3. 歌舞拍摄中的运动镜头

(1)镜头的运动要符合音乐的节奏。

(2)急推急拉要在节奏点上。

(3)无论音乐的节奏感快还是慢，镜头运动都要稳，不要“甩”。

二、案例分析

典型综艺节目：江苏台新闻综合频道“激情 60 秒”

1. 节目特色

该节目开播两年(2005 年年初到 2007 年年初)，每周日晚上 8:30 直播，时长 1 个半小时。节目内容包括演唱、杂技、杂要、气功、武术，等等，号称“敢秀让你红”，有现场观众参与，也有场外观众电话、短信参与。为烘托气氛，舞台与观众席之间的过道都坐满观众，只有小摇臂摄像机 6 可以在轨道上移动。

2. 方案设计

节目在南京电影制片厂 670 平方米演播厅制作(参见图 6-2-1)。程序为周六走台，周日白天彩排，晚上直播。摄像机 2、3 架设在观众席上；摄像机 1、4 是游动机，可上舞台拍摄；摄像机 5 是大摇臂，其机位不动，只作升降运动；摄像机 6 是小摇臂，臂长 1 米，主要作横移运动。

舞台后部有两块大屏幕，一块主要显示 60 秒倒计时，一块作现场监视放像用。

3. 导播过程

节目在“激情 60 秒”的片花中开始。开场舞蹈大约有 20 位演员，舞台上放焰火，烟雾较大，黑电平较高，画面雾气腾腾。这是因为演播厅相对较小，烟雾一时难以排出，没有像中央台那样将放烟区与表演区分开。

开场舞后是每个或每队表演者 60 秒的表演，由现场观众手中的表决遥控器决定是否“过关”或“淘汰”，最后决出当日的“人气王”，这时的表演范围和规模就小多了。

摄像机 1 和 4 的活动范围较大，一般摄像机 4 上台，摄像机 1 反打观众。由于要统计人气指数，使用了渲染器，加上两个字幕机的信号，字幕占了画面将近一半。

这一类综艺节目的导播程序基本框架大同小异，演唱的节目很难得到观众的认可，其收视率不是太高，这与节目的低俗性有一定的关系。

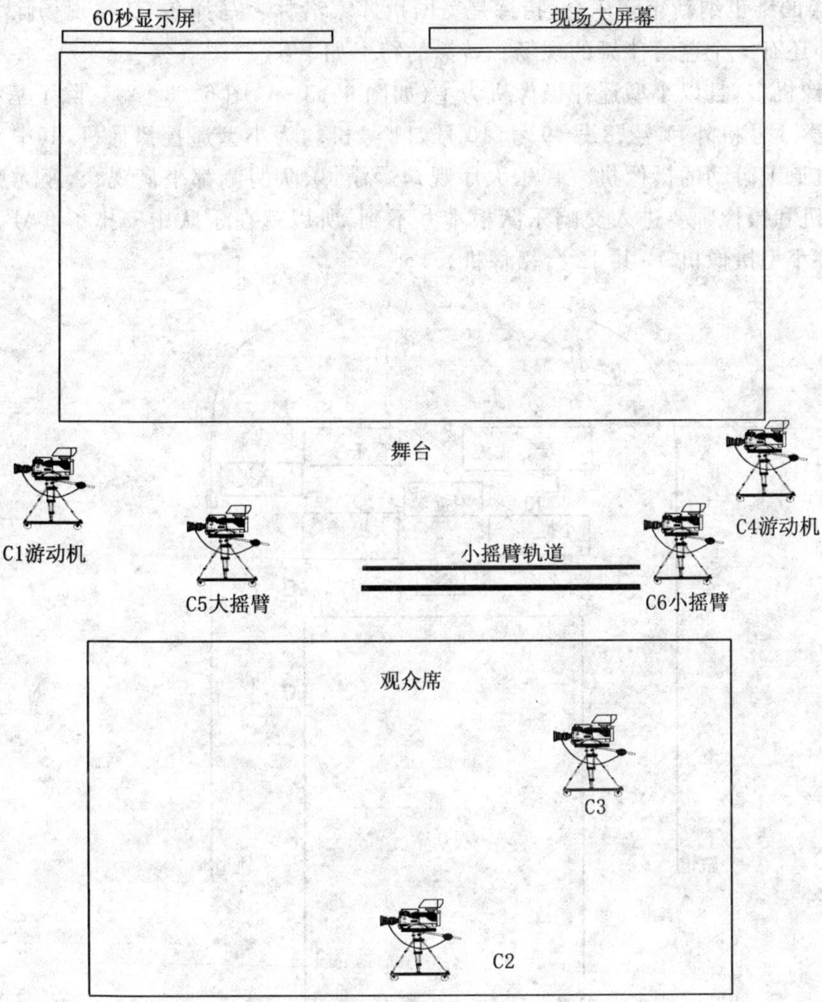

图 6-2-1

第三节　文艺与综艺节目的导播

一、音乐会的导播

音乐会的导播方式与文艺节目、综艺节目的导播有相似之处，但也有一些不同。为方便叙述，我们以维也纳新年音乐会为例。

2005 年的维也纳新年音乐会，指挥是美国指挥家洛林·马泽尔，转播现场除了维也纳金色大厅之外还有一个芭蕾伴舞的现场。转播的特点如下：

(1)摄像机多，且以小型遥控摄像机为主(如图 6-3-1，图 6-3-2)。除了基本机位布局的 1 号、2 号、3 号机外，4 号、8 号、9 号、10 号、11 号机均为小型遥控摄像机，其中 4 号和 8 号是在高架轨道上游动的摄像机。音乐大厅观众爆满，乐队两侧都坐满观众，座无虚席一点不夸张，摄像机和摄像师要进入交响乐队根本办不到，所以就在乐队中安排了 9 号、10 号和 11 号 3 台遥控小型摄像机，一共 12 台摄像机。

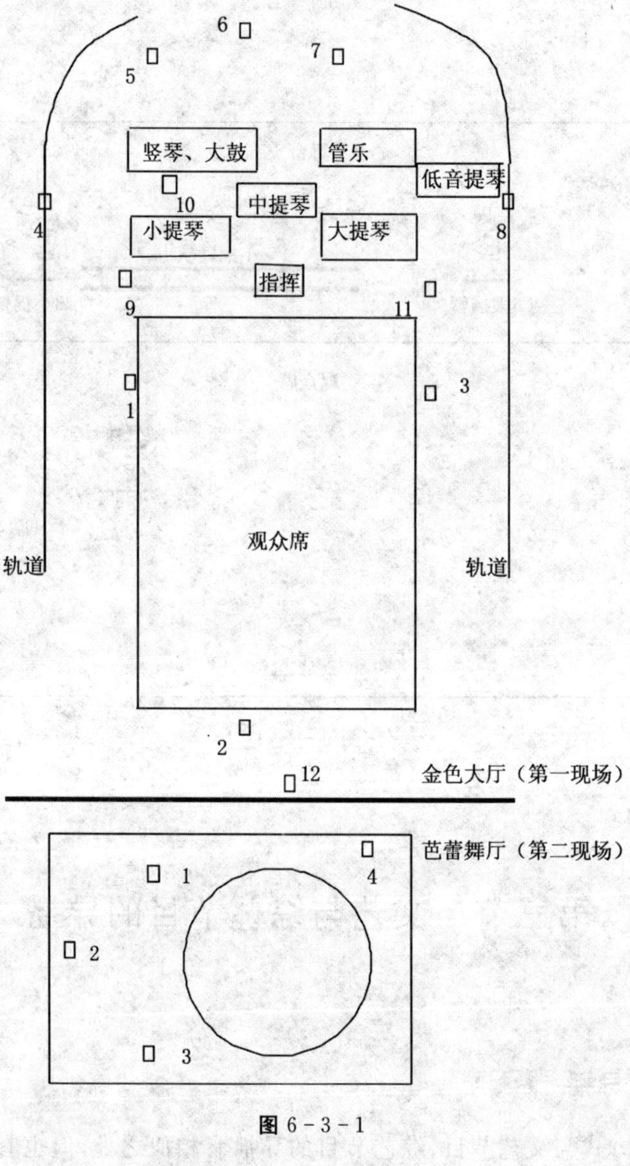

图 6-3-1

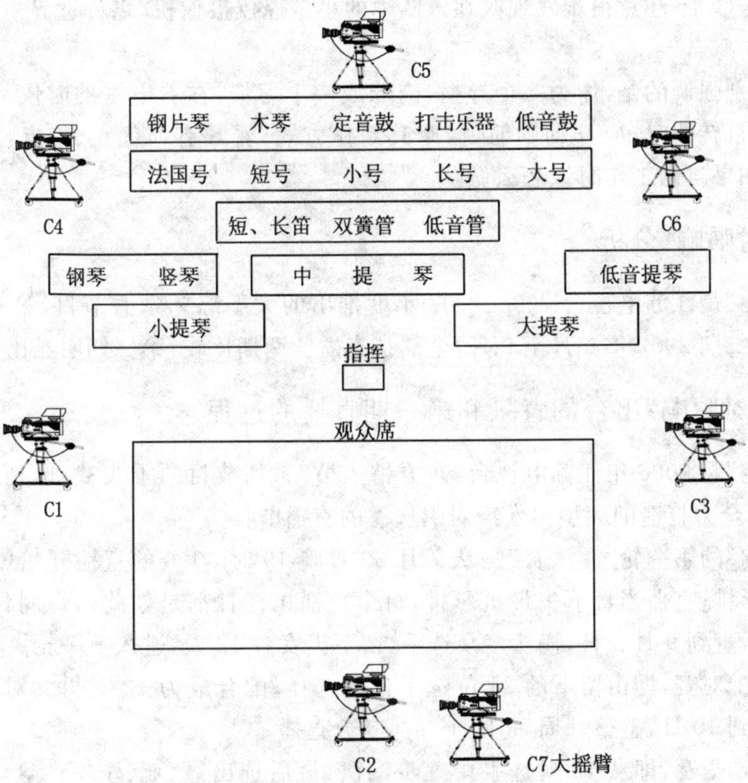

图 6-3-2

(2)反打摄像机多。反打即反轴、越轴,与“轴线”有关。所谓“轴线”,是指画面中所要交代人物和事物形成的一种空间逻辑关系。这种逻辑关系是一条看不见的“轴线”,这一“轴线”可使观众头脑中形成一种特定的空间逻辑关系。如果越过这一“轴线”拍摄,空间逻辑关系就会相反。所谓“反打”就是指摄像机越过轴线反向拍摄,这里 5 号、6 号、7 号、10 号机都是反打摄像机,或者称反轴、越轴摄像机。一般说来,镜头编辑忌讳互为反轴镜头的组接,但也有用得好的,如电影《寻枪》,通常会在反轴镜头之间插入一个中性镜头(如全景)来过渡。这里反打摄像机的任务是从不同的角度捕捉指挥的各种表情和动作,以达到现场观众看不到的效果。10 号机还可拍摄竖琴乐手、鼓手甚至管乐手的镜头。

(3)为了不影响观众欣赏音乐会,2 号机位没有放在观众席中,而是移到门口。在与 2 号机位相同位置的楼上还加了 12 号机。这两台机器的变焦倍数都比较大,估计应在 40 左右。

(4)在金色大厅之外还有一个芭蕾舞分会场,这是为了给《蓝色多瑙河》等乐曲伴舞,突出表现了奥地利人对这首乐曲的偏爱。该分场用了 4～5 台摄像机,自成一 EFP 系统,切出的 PGM 信号送到音乐会主会场的 EFP 系统,再由主会场 EFP 系统切出,这一方式就是我们常说的二级切换。

(5)导播十分熟悉施特劳斯的乐曲,切换点基本都在节奏点上,硬切、混合等编辑手段与音乐节奏的对位也很准。抓拍乐师镜头、捕捉正在演奏的乐器的镜头十分到位。镜头运用灵活，机位安排巧妙，不注意很难发现藏在乐队中的小型遥控摄像机，堪称世界一流的导播水平和转播水平。

这里要特别强调的是，作为一个导播，应养成一个习惯：在看电视的时候，尤其是观看高水平的电视节目转播时，应开动脑筋，揣摩其制作方式，看其有何优点、特点，为什么要那么做，进而思考如果自己工作时该怎么做。

二、“绝对唱响”分析

“绝对唱响”是江苏电视台 2006、2007 年度推出的大型综艺选秀节目，第一期 2006 年 7 月至 11 月，第二期 2007 年 6 月至 9 月，全部是直播。两期比较，第二期明显比第一期成熟。

（一）“绝对唱响”出台的背景和第一期直播的过程

“绝对唱响”是 2006 年江苏电视台“东方情人节”系列节目的重头戏，也是江苏电视台在 2006 年下半年全力打造的大型男女声对唱选秀的直播节目。

“绝对唱响”的第一轮“淘汰赛”是从 7 月 30 日晚 19 时 30 分的直播开始（前一天下午走台，晚间带机彩排；直播当日下午带机彩排，每个直播工作日都是如此），每周日直播一场，时长约 2 个小时，直到 9 月 3 日，淘汰多余选手，留下男女各 12 人，进入下一轮。

第二轮是配对赛，即由留下的 24 位选手自由选择，配合成为 12 对男女对唱选手。这一轮从 9 月 4 日到 10 日，整整一周，每晚 19 时 30 分直播。

第三轮是选秀赛，即从 12 对选手中逐步淘汰，最后选出冠、亚、季军。这一轮从 9 月 17 日到 11 月 5 日，每周日晚直播，时长约 3 个小时，其中 11 月 5 日为 16 小时直播，晚间直播时间从 19 时 30 分到将近午夜 0 时，时长 4 个多小时，最后，在 11 月 12 日直播选手答谢歌迷晚会，“绝对唱响”直播画上句号。

（二）第一期直播方案的设计和修改

从 7 月 30 日到 11 月 12 日，一共 22 场直播，每场直播前两次带机彩排，演播厅的摄像机机位安排基本上同“激情 60 秒”。

由于是第一次做这样大型的选秀节目，导演组提出用两台大摇臂，其中一台还要是带软轨可移动的。但大摇臂带滚轮的有，带软轨的还无此先例，软轨一般用于小摇臂，大摇臂一般不用，因易倾覆。而且 670 平方米演播厅除了观众席、评委席和演区外，可供大摇臂活动的空间很小，两台大摇臂肯定要打架，这一方案便胎死腹中。导演组立即改为一大一小方案，即一台大摇臂、一台带软轨的小摇臂，但摄像师坚持，因此用斯坦尼康取代小摇臂。

第一天的直播，原计划直播时长 2 小时，到还剩 30 分钟时，发现时间不够，临时决定延长，将后面的“激情 60 秒”停掉，将该节目的广告（与广告商有协议）移到“绝对唱响”中插播，这一临时变更使导控室里大乱。这种临时变更节目的做法，既乱又容易出事，实在是应该避免。导演组没有对节目时间进行严密的计算，因此出现此次失误。

导播的切换也有失误。8 月 27 日 20 时 45 分，导播切了一个黑场画面，因为是延时播出，播控中心的监播发现后立即切出事先准备好的“垫片”。2秒钟后导播切掉黑场画面，但是“垫片”的画面已经播出，虽然直播没有因黑画面而中断，但“垫片”却使节目的播出造成失误。

9月5日19时44分，导播应该切VTR2放像，却切成VTR1，这使VTR1待机的定格画面出现在播出画面中达4～5秒之久，音频工程师见导播没有切VTR2的信号，因此也没有推VTR2的声音。音频工程师这样做是对的，试想如果推起VTR2的声音，那才叫大错——画面是VTR1待机的定格画面，声音是VTR2的声音。

上述导播出现的失误，可能是导播过于紧张，对切换台不熟悉也是原因之一。

（三）第二期直播方案的设计和修改

2007年江苏电视台制作的第二期大型选秀直播节目“绝对唱响”的现场，选在南京师范大学仙林校区体育中心。2007年6月初刚刚交付使用的12讯道飞行箱EFP系统还没有完全调试正常，即开始了边排演走台，边调试设备的状态。

几经变动，最后的舞台、摄像机机位、镜头标称如图6-4-1所示。

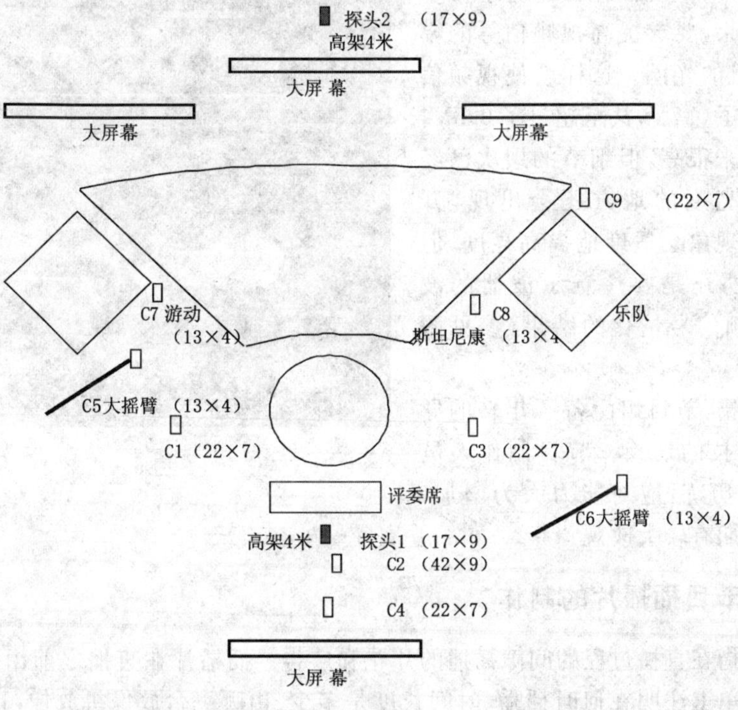

图6-4-1

1. 舞台设置

演员一般是从三块大屏幕的间隙之间上场，舞台上演员和伴舞人数不是太多，一般在扇形舞台中央。演唱完毕后主持人孟非在圆形舞台上进行采访，评委的评论一般不离开评委席，也有个别例外的评委上台作演示。因此演员的活动范围较大，镜头焦距变化较大，加上灯光的变化，光圈、景深变化频繁，摄像师的工作量剧增是不争的事实。

2. 设备情况

摄像机为汤姆逊公司生产的 LDK - 400，14bit 数字摄像机，灵敏度为 F11，色还原性较好，接近肉眼的还原性，对光的要求不甚敏感。

灯光设计大量使用电脑灯和追光灯。考虑到追光灯都为高色温，因此灯光一律采用高色温，一般在 6 000k 左右，但是评委席上的照明与舞台照明有差别，评委席偏红。

3. 机位、景别设计

主讯道有摄像机 C1、C2、C3，C2 距离较远，使用了 42×9 的长焦镜头；C1 和 C3 都用了一般的 22×7 变焦镜头；C4 主要是出一些更大的全景，所以也使用了 22×7 的镜头；C5 和 C6 是两台大摇臂，都用了 13×4 的广角镜头；C7 和 C8 都是游动机位，也都使用了 13×4 的广角镜头，其中 C8 还使用了斯坦尼康摄像机游动机架；C9 是反打摄像机，主要出评委评论时的镜头和观众反应镜头。给评委席的镜头时，C1 和 C3 可以同时调头，拍摄评委席。

演出现场还装有两台遥控摄像机，俗称探头，主要是出大全景镜头的。

在节目彩排和直播期间，节目组为了提高画面的效果，要求提高视频信号的幅度，提高摄像机的光圈。这样就使视频信号的幅度超过了 0.7V，甚至超过了 0.8V，致使画面看起来很亮，但细节的层次已经失去，一些高亮度的地方还会出现“开花”、“发刺”的现象。适度地提高亮度，但不要超得太过，还是要注意示波器的波形，这才是视频信号量化的结果(参见图 6 - 4 - 2)。

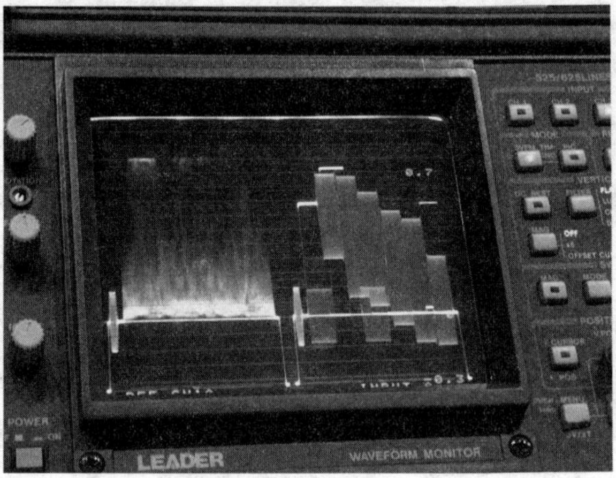

图 6 - 4 - 2

为避免出错，节目组配备了年轻的导播助理进行特技的切换。节目制作人员经过前一期的历练，应对能力大为增加，节目也比前一期有较大改观。

三、综艺节目插播片的制作

插播片是指在直播过程的间隙插播的片花和广告。插播片在直播之前由编辑完成，并在串联单或流程单上注明在何时插播、时间长度是多少、由哪一台放像机放像，直播时根据串联单或流程单上的要求，导播发出指令，由编辑通过放像机进行放像，导播在切换台上切出。

插播片的放像播出在 EFP 制作方式中是很常见的一种方式，前述的新闻直播实际上就是播音员口播与新闻短片插播的合成，不过在综艺节目中插播片的制作与新闻不同。

综艺节目的插播片一般包括片花和广告，也会在直播前录制一些参赛选手的个人资料。所谓片花是指该综艺节目的宣传片，一般时间较短，仅 10 秒到 20 秒左右。综艺节目开头的片花长一些，广告结束后综艺节目继续播出前的片花较短。整个综艺节目要插播几次插播片，一般俗称插几“刀”。

如“绝对唱响”的插播：

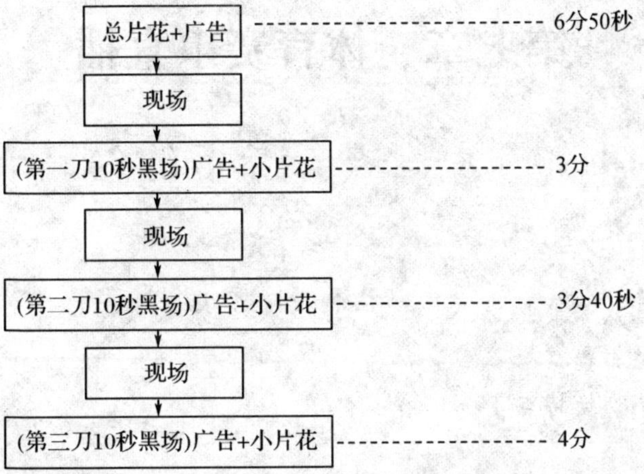

其中每一刀插播片都应该用黑场(一般 10 秒左右)隔开，并打上是第几刀的标记，便于放像时查找。每一刀插播片的最后一幅画面要做静帧，至少 5 秒左右，便于导播在插播片放完时及时切到现场，而不至于将后面的黑场播出去。

插播片的制作应符合磁带标准要求：磁带带头 10 秒空白带＋60 秒彩条和 1 千周＋30 秒黑场和无声，然后是插播片。

例如，2009 年 4 月 22 日晚 9 点 30 分，央视四套“今日关注”栏目直播，主题是介绍我国海军建军 60 周年的海上阅兵式，在插播有关航空母舰的资料片结尾处出现一幅蓝底，上有字幕“底拉音乐”，大约 1～2 秒，然后切到主持人刚强采访张召忠等人的现场。这个失误是因为在资料结尾的最后一幅画面没有做静帧处理，也没有做黑场处理，而是将以前的资料留在插播带上；也可能在放像结尾时，编辑没有用倒计时提示导播，而导播切换慢了半拍造成的，如果做了静帧就可避免这一失误。

实验指导

观摩一个综艺节目，分析其导播方案，如机位、切换方式、场景及节目设置，等等。

(1)画出机位图。

(2)叙述导播的切换方式。

(3)记录场景。

(4)分析节目编排、设置和切换的关系。

思考题：

1. 试排一个文艺小节目，分析 3 讯道拍摄导播方案，写出导播阐述。

2. 插播片的制作和一般电视片有何区别？有何特殊要求？最后一幅画面为何要做静帧？

第七章　体育赛事直播

本章学习要点

- 赛事直播的特殊要求
- 赛事直播机位布置
- 赛事直播镜头切换特点

体育赛事的直播能充分展示 EFP 系统优势、发挥其功能。今天国际奥委会对直播奥运会项目的电视制作机构提出了多项技术要求，如，奥运会赛事转播一定要采用高清晰度电视，直播车必须 10 讯道以上，等等。可以说体育赛事的直播也在促进电视技术的发展。

通常体育赛事直播使用直播车，车上的 EFP 系统与演播厅导控室中的相似，不同之处是直播车可以自发电，供车上设备使用，电缆可用绞盘收放。车上的摄像机一般有 6～8 台，还会加上 2 台无线摄像机。慢动作播放使用硬盘录像机。

随着城市现代化的发展，高楼越来越多，这妨碍了电视信号的微波传送，因此现在电视信号的传输一般都是用卫星转播车将信号送上卫星，再下传到电视台（参见图 7－0－1、图 7－0－2）。

图 7－0－1　卫星转播车

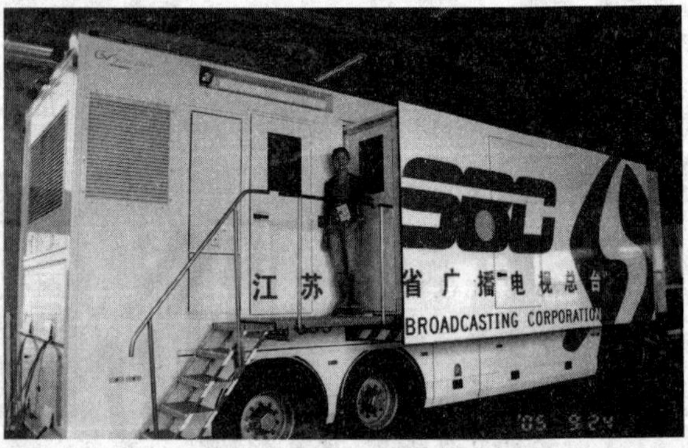

图 7－0－2　十运会高清转播车

第一节　对导播和摄像师的要求

赛事直播对导播和摄像师的要求均高于综艺和文艺类节目，因为：

(1)体育赛事没有也不可能有综艺和文艺类节目的走台、彩排等排练过程。1990 年 10 月江苏电视台承担亚运会乒乓球直播赛事，赴北京之前在南京体育学院进行多次模拟乒乓球直播，由江苏乒乓球队担任“演员”，模拟比赛。转播车进行实况“练兵”，导播、摄像师以及所有直播工作人员参加演练，然后分析录像，制订直播计划。当年 8 月、9 月还两次赴京参加亚运会的合练。这是从业三十年来笔者记忆中仅有的体育赛事直播的排练，主要是为搞清比赛过程，制订直播方案，确定直播机位，不同于文艺节目意义上的彩排。

文艺节目不论直播和录播都要彩排，目的是让演职人员和直播人员熟悉演出过程和播出过程，在播出时做到万无一失。

赛事直播没有走台和彩排，但也要做到万无一失。因此赛事直播之前，导播和摄像师必须尽可能多地了解比赛场地、程序、运动员、教练员和裁判等情况，应亲临现场，安排好各摄像机机位，分配好各位摄像师的镜头，并做可行的应急方案。

直播体育赛事的导播和摄像师应熟悉自己所直播的体育项目，熟悉运动员和教练，熟悉体育项目规则，明确体育迷们爱看和想看的镜头。可以说赛事直播的导播和摄像师首先应是一个体育迷。

(2)直播体育赛事是“一锤子买卖”，没有“下一次”，不可能有综艺和文艺类节目录完后的“补镜头”(即节目录完后，让演员再来一次，补录演出时没拍到或没拍好的镜头)。

2005 年 7 月在苏州直播一场欧洲足球争霸赛时，球门禁区内有一球员犯规，直播的导播和摄像师都以为裁判会吹哨、暂停比赛、处罚球员，几位摄像师都积极主动地把镜头给了裁判，可谁知偏偏裁判没有判罚(可能是角度原因没有看见球员的犯规)，根本没有停止比赛，而此时进攻一方的球员乘机将球踢进球门，但我们的摄像师没有一个镜头捕捉到进球，导播当然也“回天无力”，连慢动作也无法播放，这样的直播不挨球迷“拍砖”才怪。类似这样的不可预测的事在体育赛事直播中时有发生，导播和摄像师应保持快速反应力。

(3)当导播切换其他讯道时，其他类节目的摄像师可稍加放松，但赛事直播的摄像师则不行。因为播放慢动作的编辑还需要摄像师给慢动作录像机送图像，因此摄像师不能有丝毫放松，还是要将镜头紧跟运动员。

为了搞好赛事的直播，导播会选择用得“顺手”的摄像师。导播要了解各位摄像师的个性和特长，然后用以下方法安排摄像师：

①性格稳重，责任心强的安排在转播的主讯道上(多指 2 讯道，拍摄比赛过程的摄像机位)。

②经验丰富,基本功强的安排在抓特写、近景的讯道上(多指1、3讯道,捕捉运动员神态、动作细节的摄像机位)。

③精力旺盛,体力充沛活泼,有创造欲望的安排在特殊讯道上(多指4讯道或斯坦尼康,拍摄场外教练员和板凳队员神态、动作细节的摄像机位)。

④新手安排在次要讯道上,并不断调整,选择最适合他的位置。

综上所述,赛事直播的导播和摄像师更应熟悉本职工作,加强合作,协调默契,才能共同做好赛事的直播。

如今热衷收看各种赛事直播的观众很多,但赛事直播的导播和摄像师的工作压力是常人无法想象的。

1990年亚运会乒乓球直播期间,江苏电视台因为出色的工作,受到中央电视台和广电总局的好评,因此,中央电视台和广电总局将2008年奥运会乒乓球的直播任务也交给了江苏电视台。后因十运会江苏电视台成功转播田径赛事,并首次设计、制定和实践了田径赛事转播的标准,所以中央台将难度更大的奥运会田径赛事的直播任务交给江苏电视台(最后确认为直播奥运会乒乓球)。

2009年4月11日,江苏电视台转播车在南京奥体中心直播"中超"足球赛,中午12点半出发,1点钟抵达奥体中心体育馆,两个小时架好摄像机,调整好机器。球赛于3点半开始,几乎没有休息,全体工作人员就投入了紧张的赛事直播。5点半比赛结束,他们又开始回收摄像机和电缆,将近7点才踏上归途,工作强度可想而知。导播和摄像师在幕后默默地工作,理应得到社会的理解和承认。

赛事直播的要点小结:

(1)直播的目的是要让电视观众看清比赛的全过程,看清运动员动作的全过程,尤其是对运动员的动作全过程不宜做分切。如跳高、110米栏、艺术体操、跳水、足球带球攻门等,应一个镜头完成,一个镜头到底,不在运动的全过程中做切换。

(2)一个赛程结束后(特别是有争议的事件),必须要有慢动作重放的镜头,让电视观众再度看清运动员的动作;慢动作重放前和结束前,应以LOGO或划像等特技隔开。

(3)镜头以拍摄赛事全过程的全景镜头为主,即以2讯道为赛程拍摄的主要讯道;以人全镜头表现运动员个人形象;以中近景、特写镜头表现赛事结束后取得优胜的运动员。

(4)赛程的切换不要使用混合或划像等特技的切换方式,避免电视观众将赛程误以为慢动作。

第二节　赛事直播分析

一、三大球赛

（一）足球

1. 机位和景别设计

足球直播的机位如图 7-2-1 所示，摄像机 1 号、2 号、3 号机基本布局，不过 2 号机的机位可以高一些，俯瞰全场。摄像机 2 号机是比赛直播的主讯道，主要拍摄比赛经过，以全景为主。要让人看清围绕足球双方的战术动作，可做适当推拉运动，但切记不可丢球，即镜头里不能没有足球。摄像机 1 号机和 3 号机机位可稍低一些，镜头变焦倍数应大一些，便于捕捉球员的特写镜头，能用 40 倍以上的长焦更好。摄像机 4 号机是游动机，可反打教练和板凳队员。摄像机 5 号、6 号机在球门的后方，可做慢动作，拍摄进球的镜头。有条件的也可用大摇臂，镜头就更好看了，如图中 7 号、8 号机。

较为讲究的直播，如欧洲杯，在球门球网后还加装了 2 台小型遥控摄像机。进球时，球打在网上，摄像机的画面跟着晃动，现场感和动感十分强烈。这两台摄像机多做慢动作用。

在 1 号机和 3 号机前的跑道上还加装了 2 台轨道遥控摄像机，可跟踪拍摄球员的移动镜头。有时还会在 4 号和 9 号机位上使用斯坦尼康，这样的设备阵容就可谓奢华了。

英超的赛场比较小，没有田径跑道，大摇臂没法架设，改在球门的旁边各加了一台摄像机，在球门后的观众席上各加了一台摄像机。没跑道当然轨道摄像机就省了。中线与边线的交点外配置一台长焦镜头摄像机，用来抓拍球员的中近景，如图中 10 号机，是反轴摄像机。

球员从内场进入球场时可用 4 号游动机拍摄，进入球场后就可使用 1 号机和 3 号机了。比赛时可多用 2 号机拍摄，让观众看清双方的排兵布阵、球路的运动变化。遇到进球、好球、险球或争议球，可放慢动作，也可给当事球员的中近景。2 号机使用的时间过长会显得单调，可灵活切换一些争球的人全镜头。

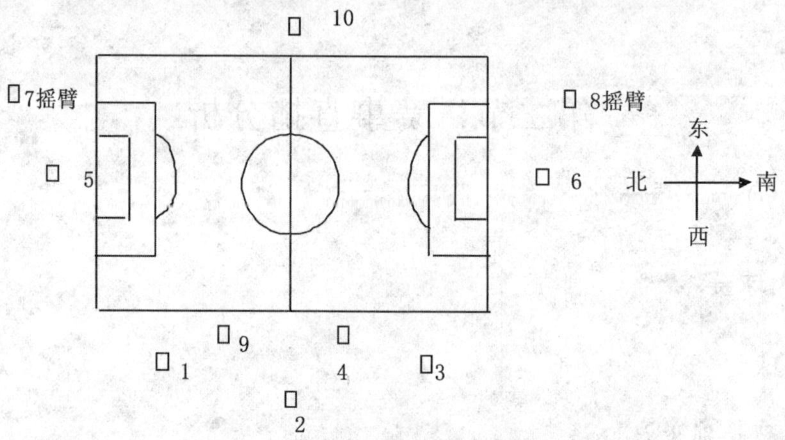

图 7－2－1　足球直播机位图

2. 切换方式设计

慢动作的播放和录制由专门的编辑承担，可切换场地内的所有摄像机的信号给录像机进行录制，需要播放时即可打点播放，一般可以播放两个不同镜头的慢动作。导播在做现场直播信号与慢动作重放信号之间的转换时，一般用 WIPE（划像、分割画面）特技方式，有条件的可用 DVE（数字动画特技）制作的 LOGO（动画特技），以表示两类信号的不同。欧洲杯和亚洲杯的慢动作进点和出点都用 DVE，很有特色。

观众席上的球迷也是赛事转播的一个亮点，可以不时给予镜头，但是决不可因切了观众而丢了球。多年前，在南京五台山体育馆转播一场足球比赛时，因导播切观众（主队球员带球攻门，观众欢呼，导播的注意力被欢呼的观众吸引）而丢了一个进球镜头，巧的是摄像师也一个没抓到，连慢动作也没法重放，这引起球迷极大的不满（参见图 7－2－2，图 7－2－3）。

图 7－2－2

图 7-2-3

（二）篮球

篮球场地相比足球场地小一些，摄像机机位可以相对集中（参见图 7-2-4）。

摄像机 2 号机拍摄比赛全景，是观看比赛的主要镜头；摄像机 1 号机和 3 号机抓拍球员的人全或者中近景；摄像机 4 号机游动，拍摄教练在暂停时给球员说球的镜头。有时游动机安排两台，各拍摄一个队的情况，导播可酌情切换。摄像机 5 号机和 6 号机拍摄球员发球的镜头，也可捕捉球员上篮的镜头，也有将 5 号机或 6 号机移到教练席的情况；摄像机 7 号机架设在场地对面，拍反打镜头，拍摄教练席。有趣的是，美国职业篮球赛 NBA 的教练席在 1 号、2 号、3 号、4 号机对面的场地边缘，转播时 1 号、2 号、3 号、4 号机都可以拍摄到教练席上的有趣镜头。

小型遥控摄像机分别架设在各方的篮板上方拍摄篮球入篮的镜头，很有感染力；再加上篮筐上安装的话筒拾取的球碰篮、进篮、出网的音响效果，就可以知道这是一场高水平的直播了。

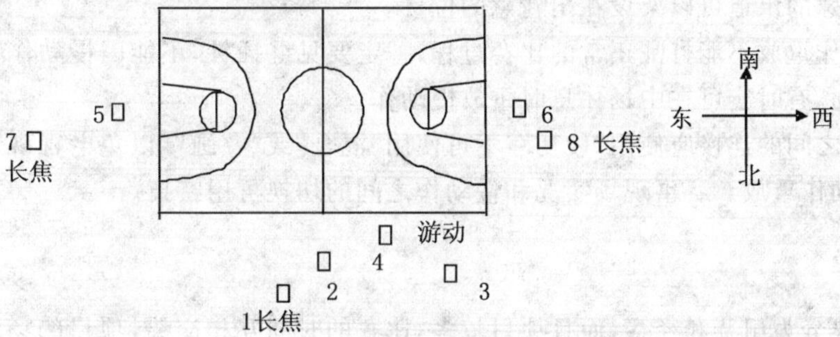

图 7-2-4 篮球直播机位图

(三)排球

排球的直播情况与篮球相似。有时可在场地对面架设一台反打摄像机,拍摄副裁判和教练球员席的镜头。其他大同小异,不再赘述。同学们可根据图 7-2-5 叙述各机位的作用。

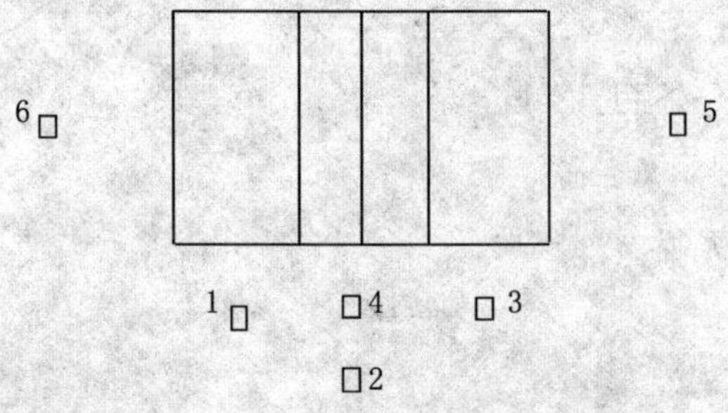

图 7-2-5　排球直播机位图

(四)三大球直播的注意事项

(1)摄像师拍摄的焦点是球,景别应以球为中心安排构图,千万不要丢球。

(2)字幕叠加应注意经常上比分,比分是赛事热烈紧张和扣人心弦的要素,屏幕上如果看不到比分是球迷的最大憾事。比分要出大比分和小比分。足球应出比赛的时间和加时的时间;篮球也应叠加每节的赛时;排球应表现出当时发球的运动队。

(3)上字幕时还必须考虑到播出时播控中心所加的台标和角标广告,比赛的字幕不应被这些附加的标识所遮挡。例如,2009 年 9 月 12 日晚直播亚洲女排锦标赛半决赛中国队对韩国队,比分正好在屏幕左上角中央电视台 5 套的台标位置上,直播开始后不久,中央电视台 5 套就将台标移到左下角,大概是感到不合适,又将台标移到右上角,一直维持到直播结束。

(4)主讯道镜头"摇"要稳,切忌"甩"、"抖"。"甩"会使人头晕,"抖"会使人看不清比赛细节,降低赛事直播的可看性。要根据比赛的节奏适当地"推"、"拉"变焦,这样的镜头才有动感。

(5)讯道的架设要根据不同的比赛,按照现已形成的、得到同行认可的模式架设,并注意要有层次,特殊的讯道可以架设在出新意的位置。

(6)慢动作重放不能打乱正常的比赛过程,一定要见缝插针,不能因慢动作重放而影响球赛的正常播出,有时宁可在中场休息时重放慢动作。

(7)镜头之间的连接应使用"硬切",不可使用"混合"或"叠画",以免电视观众将直播的镜头误解为慢动作重放。赛事现场实况和慢动作之间的切换可用特技。

二、田径

田径比赛分为田赛和径赛,而且项目较多,比赛的时间互相交错,项目的场地分散在整个田径场上。比赛场地和时间的分散使直播较为困难,直播中途经常要转移拍摄场地,即一个项目转播完要换场地转播另一个项目。这使现场要求使用较多的摄像机位和较长的电缆，使用无线摄像机和长焦镜头，以方便移动和调度摄像机，抓住比赛的画面，安排好切换镜头。

田赛一般都有固定的区域，按照赛程排出直播程序，机位不要做大的调整。而径赛因长短距离不一，不同的项目直播机位的调度较为频繁，距离也不等，长距离的径赛要注意开始和结尾，中间可穿插田赛的比赛项目。

田径比赛直播多是在白天，应考虑摄像机遮阳伞，阳光下拍摄时摄像机应加中性滤色片，减少光通量。拍摄慢动作用的摄像机可加电子快门，以提高动态清晰度，但要注意在光线强时使用，不加中性滤色片，因为加电子快门会使镜头光通量降低。

直播之前应和赛事组委会联系，取得比赛的秩序册，这样就可以根据比赛的时间安排赛事的直播。有了秩序册，就可根据程序在直播一个项目的同时，安排空余的摄像机转场到下一个转播项目的场地。十运会田径赛事的直播中，江苏电视台建立了联络员制度，即在田径比赛组委会安排电视台的工作人员担任联络员坐镇组委会中，了解一天中各比赛项目的具体时间、地点、参赛人员以及颁奖时间等信息，及时通知导播，以方便其调度摄像师，及时完成转播任务。

要求导播和摄像师在赛前就应看好场地，安排好内场和外场的摄像机机位。直播中可能一个项目尚未结束，另一个项目即将开始，这时可让解说员作一简单说明，待直播完再转场，或者立即转场。是否立即转场，取决于那个项目的重要性、可看性，但是不论如何转场，摄像机的分配原则是：一个项目至少要有 3 台摄像机。

摄像机机位的安排还应注意拍摄轴线，特别是短跑、中长跑等径赛项目，几台摄像机应在跑道的同一侧，不要越轴。

比赛成绩的叠加可通过网络与比赛裁判委员会的计算机网络联网，再转换成视频信号叠加在 PGM 信号上。

三、体操

体操的直播与田径相似，也是场地分散，时间交叉，但是场地比田径场要集中一些，摄像机的调度也相对容易些。同样重要的一点是，必须得到秩序册，才能合理安排比赛的直播。

体操比赛一般同时进行几个项目，应注意安排好机位，相互照应。如摄像机较多，可以分为2～3 个组，分工直播不同的项目。

体操是打分的比赛项目，直播时应注意安排好裁判的拍摄。有助跑的项目如跳马，在安排摄像机机位时注意轴线。

比分也要和比赛裁判委员会的计算机网络联网，将比赛信息叠加在 PGM 信号上。

四、马拉松

马拉松因其赛程长达 42 千米，即使是折返也有 21 千米之长，直播比较困难。多采用转播车跟拍领跑运动员，途中设多点微波摄像机拍摄，将信号传送至电视台演播室切换的方式进行直播。

在转播车尾部和顶部可以加设 2 台到 3 台摄像机于领队的开路车前面，边行驶边拍摄长跑的运动员队伍。3 台摄像机信号由转播车上的导播切换，PGM 信号用微波送电视台导控室里的切换台，沿途的摄像机拍摄点也用微波将信号送电视台导控室里的切换台，由台内的导播切换。这也叫二级切换，即转播车一级，台里一级。这是因为距离太长，拍摄点太分散使然。

其他体育项目如乒乓球、羽毛球可参见图 7－2－6，游泳、跳水可参见图 7－2－7，艺术体操、武术可参见图 7－2－8。

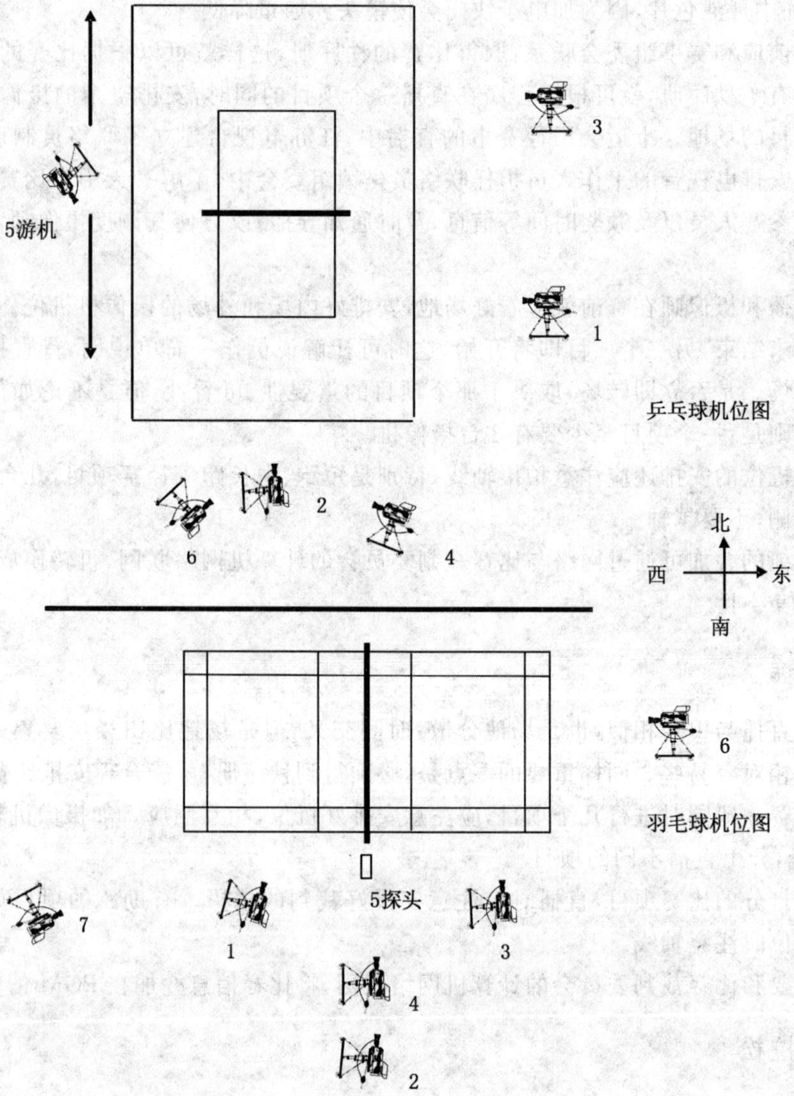

图 7－2－6

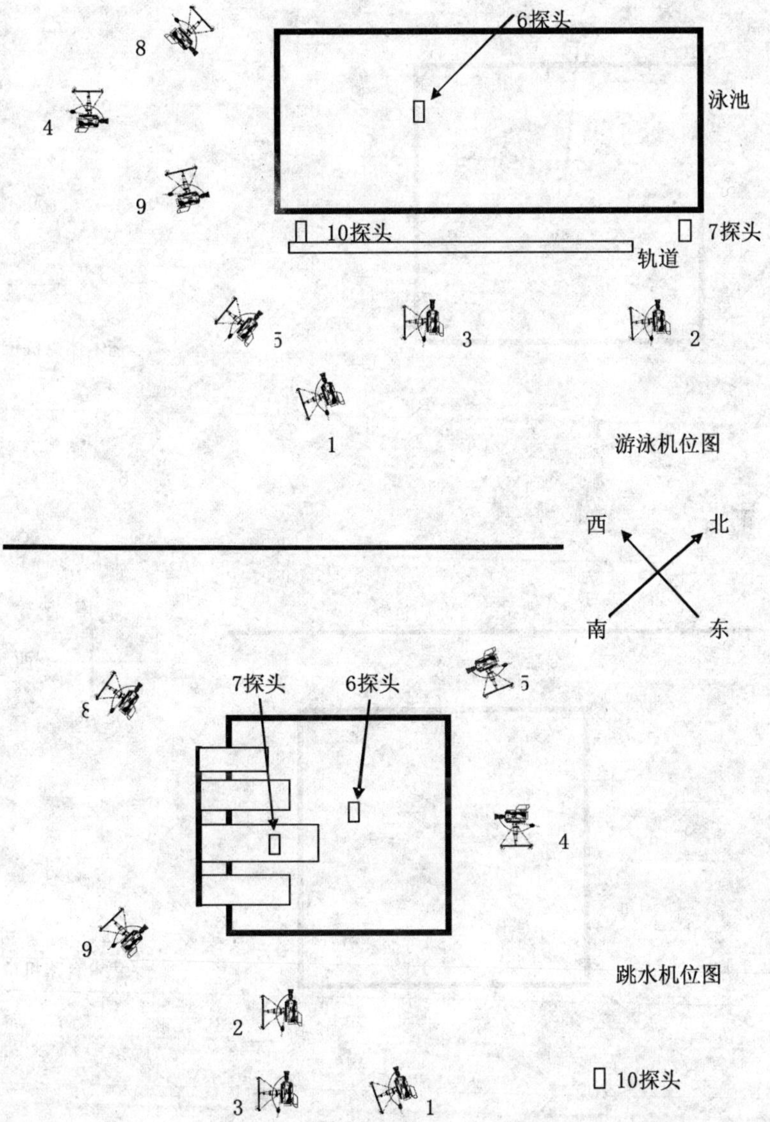
6探头
8
泳池
4
9
10探头
7探头
轨道
5
3
2
1
游泳机位图
西
北
南
东
7探头
6探头
3
5
4
9
跳水机位图
2
10探头
3
1

图 7－2－7

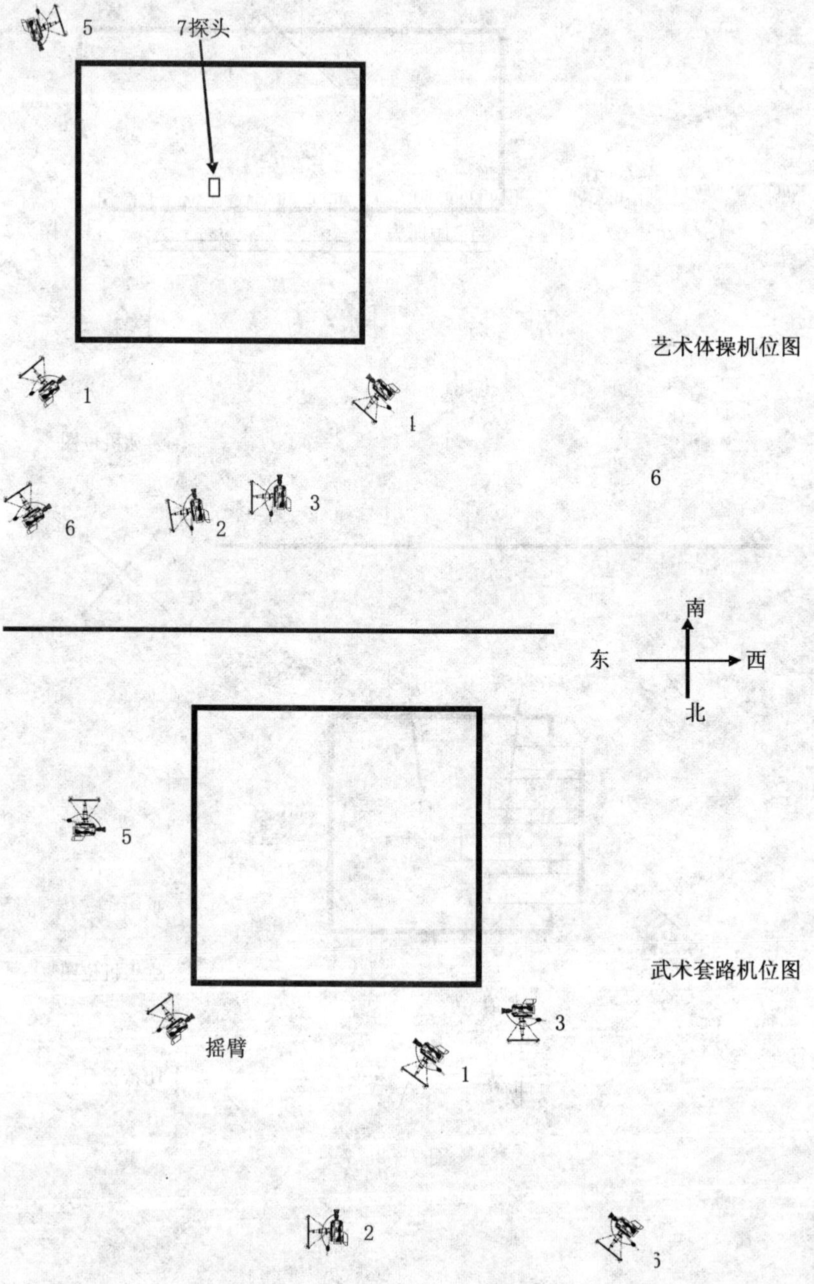

图 7-2-8

第三节　足球世界杯的直播分析

一、2006 年足球世界杯直播分析

2006 年世界杯在德国举办，根据中央电视台的转播实况（参见图 7－3－1），在笔者看了数十场次球赛之后，反复斟酌，并与业内人士切磋，特作如下分析。

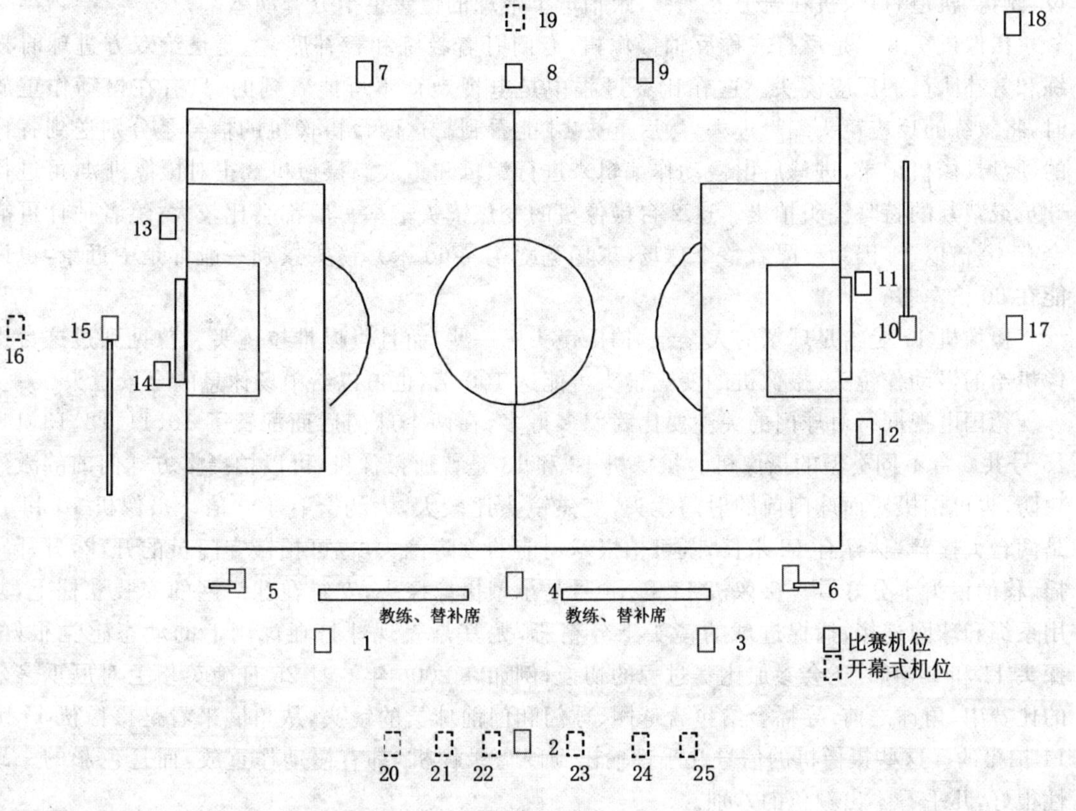

图 7－3－1

1. 机位多

根据转播的镜头来看，全场至少有 20～24 台摄像机或摄像探头，而参与实时直播比赛赛程的摄像机至多 5～6 台，其他讯道的图像信号主要是进入慢动作的录制系统，用多角度、慢动作来表现进球、明星球员、教练、犯规等事件。足球是赛事直播中的重头戏，各直播单位无不十分重视。在国内，如上海电视台在直播中超时，就使用了 11 个摄像机、4 台慢动作控制器

来进行实况直播。

具体分析如下：

摄像机1、2、3是作直播过程的主要机位，也是基本机位的配置。其中比赛的主要过程是由摄像机2所给出的全景来完成的，摄像机1和3可以给一些辅助镜头。另外，因为这两台摄像机在后场，可以清楚地拍摄进攻方的越位状态，并可进行越位的慢动作重放。

摄像机4在两队教练和替补席之间，可抓拍双方球员在中场争夺、抢断的中近景或特写镜头；摄像机5和6是斯坦尼康摄像机，两位摄像师非常辛苦，转播中经常看到他们在烈日下跑动的身影(还有两位跟线员，以防止摄像师在跑动时摄像机的电缆被带着，或绊住摄像师)。这两台摄像机主要是给角球或边路的攻防镜头。斯坦尼康的镜头很漂亮，很有动感。2002年韩日世界杯比赛时，直播中取代这两台斯坦尼康摄像机的是两台“跑兔”摄像机，即在场边铺设“跑兔”轨道，摄像机在轨道上平移，跟拍球员带球的镜头也十分有动感。

摄像机7、8、9是反打或称反轴摄像机，专门盯着教练和替补席，主要是给双方进球时教练和替补队员的反应镜头。这在比赛过程中是电视观众不可能看到的，只有在慢动作重放时，将教练的反应镜头编辑进去，然后重放，才能看到。这两台摄像机的信号是分别送到各自的硬盘录像机记录，进球后由慢动作编辑来进行编辑和重放。摄像机8正对摄像机4，可进行球员或裁判的特写镜头拍摄。这2台摄像机的变焦镜头倍率一般都会比较大，笔者估计可能会有40倍以上，因为要隔着整个球场(球场宽度45～60米)，镜头景别一般都是中近景，也许能在60倍左右。

摄像机17是给足球场的大全景，拍摄镜头正一些，而且可以推拉镜头。曾见到过这台摄像机给的慢动作镜头，摄像机的变焦镜头可能达100倍，也可以给中场休息的全景镜头。

德国电视同行对球门的关注要比我们多得多，在两个球门后面配置了10、11、12、13、14、15号共6台不同类型的摄像机。摄像机12和13是普通摄像机，可以拍摄本方球门前的激烈攻防，也可拍摄对面球门前的射门镜头，变焦镜头比较大，大约会有100倍。摄像机10和15是两台大摇臂，估计有12米长，既可拍摄球门前的攻防镜头，也可拍摄守门员的开球，升、降、摇、移的镜头十分好看。摄像机11和14号是小型摄像探头，安置在球门网的安装立柱上，并用系绳和球网连接，捕捉进球的镜头十分精彩，尤其是表现球打在球网上的动态感觉很好。探头11和14有时还会参加比赛过程的切换，例如在2006年6月25日晚英格兰对厄瓜多尔的比赛中，角球之前，导播会给包含球网、球门和门前球员的镜头，从角度来看是摄像机11或14拍摄的。这些摄像机的信号几乎都输出到硬盘录像机，都有慢动作重放，而且色彩的一致性很好，几乎看不出颜色的差别。

摄像机18是吊在天棚之上的机位，俯视整个球场，大俯的镜头给人感觉现场像一个棋盘，球员就像洒落在棋盘上的棋子，煞是有趣。

2. 标准化

2006年世界杯的电视直播另一个特点是直播的程式化、规范化和标准化。

过去体育赛事的电视直播都没有什么程序，全凭导播的感觉和临场发挥，摄像师只要听从导播的指令，不丢球、不丢人即可。2005年在南京举行的全国第十届运动会的电视赛事直播是我国 2008 年奥运会电视直播的预演，中央电视台根据国际奥委会的要求，对江苏电视台的赛事直播提出了要求，即电视直播要有一定的程式，讲究程序化、规范化和标准化。对每一项具体赛事制订出细致的直播计划，设计出详尽的镜头分切标准，并及早告知导播和摄像师，让他们尽快熟悉并且习惯这样的直播程式和计划。为此，江苏电视台的工作人员根据竞赛项目制订了 20 多项直播计划和标准，并且在赛事中按此执行和实施，使直播程序具有了可预见性和可控性，改变了导播现场的随意性，提高了直播水平，使我国电视的赛事直播标准化走上了新的台阶。

综观世界杯的直播，无论是在柏林、慕尼黑，还是在法兰克福、汉诺威，或是在莱比锡、凯泽斯劳滕，只要是在世界杯的赛场上，摄像机位、切换方式、慢动作重放等常见的 EFP 制作方式基本上是一致的。下面以开场和慢动作为例：

开场的镜头切换程式：

(1)大全景球场；

(2)全景球迷；

(3)中近景球迷；

(4)全景裁判、运动员准备出场(由斯坦尼康摄像机 5 或 6 其中一台拍摄)；

(5)中近景裁判、运动员出场(摄像机 4 调头低机位拍摄，旗手高擎各类旗帜越过摄像机的镜头)；

(6)全景接中近景(可用叠画连接)球迷欢呼；

(7)特写(斯坦尼康拍摄)(奏双方国歌)球员；

(8)特写(其他摄像机拍摄)球迷、官员、球童的镜头；

(9)全景(叠画连接)从镜头还可看到有一台大摇臂也已到运动员出入口处；

(10)大全景球场(字幕：裁判、教练、球员介绍)；

(11)准备开球。

慢动作重放的镜头切换程式：

(1)LOGO 进入慢动作；

(2)进球慢动作 1(全景)；

(3)进球慢动作 2(中近景)；

(4)进球慢动作 3(人全或射门球员个性化动作，如德国球员克洛泽的前空翻)；

(5)教练反应镜头(有时慢动作时导播会做一个分割画面，摄入双方教练，让观众同时看到两个教练的不同表情：一个高兴得手舞足蹈，一个沮丧得垂头丧气，让观众也忍俊不禁)；

(6)LOGO 退出慢动作。

世界杯直播对慢动作重放十分注意：进球的慢动作一般有 3 到 4 个镜头，而且镜头的角度各不相同；犯规和射门的慢动作镜头至少也有 1 到 2 个；有争议的的判罚也会有慢动作重放，在现场大屏幕上一目了然。

直播的程式化、标准化使比赛的直播成为一种习惯，使工作人员有章可循，有据可依，从而熟能生巧，把各自的工作做得更好，也使直播更加好看，当然也让观众有了一个比较的标准，将赛事的直播分出个三六九等。当然，这里谈规矩、论方圆，并不是为了束缚导播和摄像师，而是让他们有一个工作的标准，在这个标准的范围内完全可以发挥个人的风格与个性。

例如2006年6月20日厄瓜多尔对德国的一场比赛，直播现场的导播方式就不同凡响。赛事直播一般不用叠画作为镜头之间的连接（慢动作例外），但这位导播对叠画情有独钟，奏国歌的时候镜头切换全部是叠画——这也无可非议；比赛过程中也用叠画切换，如一次进攻失败，球员回撤时，球员的特写镜头（叠画），另一球员特写（叠画）直到足球在球门线上准备发球的特写镜头，足球大到充满整个画面，球一旦发出，即改为硬切，类似的用法有很多次。但是比赛紧张时该导播一般不会用叠画来切换，而是老老实实用硬切。上述的叠画连接没有让人感到不舒服，相反没有觉得什么不能接受，也没有感觉这是在放慢动作。

这样看来，我们在论述三大球直播的注意事项中说的，"镜头之间的连接应使用'硬切'，不可使用'混合'或'叠画'，以免电视观众将直播的镜头误解为慢动作重放"这一规定受到了这位导播的挑战。其实这位导播没有违反上述规定，只是做了一点小小的变通：比赛时他并没有用叠画，用叠画的时间是在球员回撤时——即比赛的间隙，而且叠画的时间较短，这也算是一种独创。可以肯定地说，这位导播一定是文艺节目的导播，即使不是，也是干过文艺节目直播的导播，原因就是他对叠画的钟情。

3. 赛事和直播融为一体

赛场上都有电视直播的大屏幕，可以让现场的观众一边看球一边看电视，遇到有争议的动作候还可以看慢动作的重放，使比赛进行得非常透明。慕尼黑安联体育场的中央吊挂了4块大屏幕，现场观众只要略微转动眼球就可以进行现场比赛和电视直播之间的"切换"。不过，可能是低估了球员踢高球的水平，屏幕吊挂得有点低了，守门员开球就有一次碰到了大屏幕。

此次比赛有时是在下午，球场上阳光和阴影各占一半，直播的摄像机的光圈控制得恰到好处，既没有使阴影中的球员曝光不足，也没有使阳光下的球员过度曝光。

4. 关于二级切换的分析

据以上分析，世界杯直播现场的摄像机近20台，摄像机机位太多，导播不易看清，仅有一级切换是做不到的，极有可能是二级切换。因为比赛过程的切换基本上主要是由摄像机1、2、3、4、5、6、10、15、17等9台摄像机来完成的（参见图7-3-1），摄像机17和18——全场大全景用得非常少，只是在开场和结尾用；使用最多的是摄像机1、2、3，即我们所说的基本机位，相比较摄像机2用得更多；而摄像机4、5、6是锦上添花，摄像机11、14是门前最后一击，一般做慢动作；摄像机7、8、9、11、12、13、14共7台，基本不参加比赛过程的切换，只是做慢动作重放的镜头切换。因此可以估计到：赛程的切换是由一级导播切出的，慢动作重放镜头的编辑和切换是由另一级导播切出的。

其中慢动作的切换又可能分为两级。因为从慢动作重放来看，所有摄像机的信号都曾做过慢动作，所以就是慢动作重放也可能是二级切换。由此可以认为，两级慢动作切换的信号，作为最后一级——赛程切换台的输入信号——参加赛程切换台的切换。这样，直播的导播就不是一个人，而是三个人：两个导播切慢动作，一个导播切赛程，这样工作量就被分摊了。

以上分析只是笔者观看了数十场球赛的个人看法，没有得到德国世界杯直播方的确认，这些分析的目的只是抛砖引玉(笔者看到汤姆逊公司的资料介绍 2006 年世界杯开幕式的机位布置图,但是球赛的转播与开幕式有很大不同,参看图 7-3-1,虚线表示开幕式的附加机位)。

二、2010 年南非足球世界杯直播分析

电视新技术和新设备无不借助国际重大赛事的直播而亮相于屏幕。2010 年的南非足球世界杯直播使电视人眼界大开,从目前已经转完的 50 多场赛事直播实况来看,与 2006 年德国世界杯的直播相比较,本届世界杯的直播更具特色。

1. 设备增添

世界杯的直播使用摄像机一般可达 20～30 余台之多,摄像机的增加已不是本届世界杯直播的特色了,但是本届世界杯直播还是给人带来锦上添花的特点,增加了一台"飞猫"摄像机,即由钢索牵引的遥控摄像机(参见 7-3-2)。这台"飞猫"可以满场运动,低机位可以与人的视力平行,高机位可以大俯拍摄球场全景,且移动迅速,爬升快捷,镜头的运动速度令人叹为观止。拍摄球队进场仪式,"飞猫"可从球场边角取低机位为起幅,快速运动到球队附近,拉升至球队乃至球场上空,以全场鸟瞰俯拍镜头为落幅,使球员、球童、裁判、观众和整个赛场尽收眼底,整个镜头干净利落,一气呵成。赛程直播的大俯镜头,定位球、角球,包括点球导播都使用过,也使用了慢动作重放,使赛场宛若棋盘,球员宛若分洒在棋盘上的棋子,战术布置宛若棋局,球的运动轨迹宛若"一览众山小",观球宛若观棋,煞是好看。赛事直播的导播们似乎也对"飞猫"情有独钟,切换的频率较高,使用次数也较多。但是由于"飞猫"牵引钢索的缘故,赛程转播中由低机位到高机位的特长运动镜头(如球队进场时的长镜头)几乎没有,可能是导播担心牵引钢索会妨碍球的运动,因此在赛程的直播中,只有让"飞猫"高高挂在空中,只给大俯镜头,而将运动长镜头舍弃。

图 7-3-2

2006年德国世界杯直播中也用了一台大俯的遥控摄像机，固定于球场的中心，可以拍摄球场的鸟瞰镜头，但运动受到限制，不能拍出“飞猫”摄像机的效果。

2002年日韩世界杯转播中使用了“跑兔”摄像机，即轨道遥控摄像机，在球场边设置“跑兔”轨道，遥控摄像机置于轨道车上，用以跟踪球员的带球进攻、抢断，拍摄平移运动镜头。试想如果“飞猫”的技术再提高一步，去掉牵引钢索，岂不可以取代“跑兔”，而成为“飞兔”？

球门后的球网上使用了两台微型摄像机，比上一届世界杯直播多用了一台。两台摄像机的使用使进球的镜头角度大大扩展，进球的镜头更具有震撼力。与上一届世界杯相比，摄像机的技术质量大为提高。2006年德国世界杯直播的球网摄像机信号质量与赛事直播的摄像机信号比较，图像清晰度较差，杂波明显，色彩也和赛事直播的摄像机有较大差别，因此导播在赛程直播中一般不用，只是在进球的慢动作重放时使用。而本届世界杯直播的球网摄像机图像质量相当好，几乎看不出与赛事直播的摄像机有明显的差别。这样，导播在赛程中也可以大胆使用，不仅进球时用，就连角球、定位球时也可以大胆使用，进球慢动作重放也因此大放异彩。

比赛场馆上空增加了一台飞艇摄像机，使观众在开场前、中场休息时常能看到用此摄像机拍摄的场馆鸟瞰镜头。

2. 导播切换

对双方球队进场仪式的直播，导播一变以往硬切（直接切换）的方式，而采用叠画的特技方式，以明显区别于赛程的直播风格。球队进场从足球的大特写拉出至双方球员进场，叠画至双方球队的国旗，国旗从摄像机上方过画面叠画至大摇臂全景，再叠画至斯坦尼康摄像机拍摄奏双方国歌时的国旗，乃至叠画至球员的特写或球迷的镜头。赛程中因赛事的快捷，切换一般使用硬切，这样使赛程的切换风格与球队进场仪式时的切换风格有明显区别，使直播更为好看。

对一般赛程切换，导播主要使用大全镜头，这样可使电视观众清楚地看到赛事的全过程。但是大全镜头的时间过长，难免使人感到单调和沉闷，如果加上如赛事踢得较沉闷，直播就不好看了。本届世界杯直播中，导播敢于在赛程的大全镜头中切换人全的拼抢、抢断、争顶等镜头，使赛程的镜头景别明显有所对比，这样也使小组赛过程中的几场较沉闷的赛事显得好看，使赛事直播看起来不那么沉闷。

慢动作重放镜头明显增多，只要时间足够且不影响赛程直播，争抢、争顶、犯规的慢动作镜头重放就会切换，而且镜头可多达两三个。争议球和进球的慢动作就更多了，各个不同角度的慢动作镜头也更多，进球的慢动作至少有三到四个不同角度的镜头，再加上进球队员的个性化动作以及双方教练员的不同表情，一组慢动作至少有五六个镜头。有趣的是，进球后如果有时间，导播还会多次切换不同组合的慢动作，让电视观众清楚地观看进球队员的动作和整个进球过程。

3. 音响处理

世界杯直播的现场话筒一般可达20余只，可以清楚地拾取到踢球、顶球、球落地、球员奔跑、倒地等效果声。但是本届世界杯的音响效果完全被“呜呜祖拉”覆盖了，加之电视观众也厌恶这样大黄蜂般的噪声，不得不降低电视机的音量，使音响效果几近全无，这也是本届世界杯转播中的一景吧。

附："飞猫"技术资料

"飞猫"的学名为索道摄像机承载系统，是由两根牵引索道、两根导向索道进行承载、牵引和导向，一台陀螺仪平台作为摄像机和遥控云台的承载滑车，以及视频无线传送系统组成。滑车可在索道上作平移或拉升的快速运动（资料显示最高时速可达 130 千米/小时），遥控摄像云台可作 360 度旋转和大约 270 度的仰俯运动，遥控摄像机安装在云台上，可完成变焦和聚焦工作，并跟随云台作 360 度旋转和 270 度仰俯动作。摄像机拍摄的视频信号由无线传送系统传送到转播车或电视台的无线接收器上，进入电视 EFP 系统，供导播进行切换。

"飞猫"系统需要两个高空支撑点，一般采用吊车、建筑物、起重机吊架等支撑。

"飞猫"系统采用了陀螺仪精密稳定、模糊控制、高速运动及定位、电视高清晰度无线传送等高新技术。

滑车、云台和摄像机均由地面的工作人员控制，当然，摄像机也可更换为摄影机，进行电影大场面的拍摄，如电影《哈利波特》、《特洛伊》等片的摄制。

滑车的平移或拉升运动，即构成镜头画面的移动拍摄，云台的旋转或仰俯运动，即构成镜头画面的摇动拍摄，加上摄像机推拉变焦的综合运动，可使画面具有推、拉、摇、移的综合运动感，使运动镜头、尤其是特长运动镜头的拍摄非常流畅，更具冲击力，给观众以强烈震撼。因此，"飞猫"尤其适合大场面、大场景的运动镜头拍摄。

2008 北京奥运会开幕式晚会、2009 央视春节联欢晚会、2009 国庆 60 周年阅兵式、2010 年南非足球世界杯等大型文艺晚会和体育赛事的转播中，都能看到"飞猫"的身影及其所拍摄的镜头。

"飞猫"又可分为二维"飞猫"和三维"飞猫"。二维"飞猫"只能进行二维空间的运动，如国庆 60 周年阅兵转播中天安门东西的两部"飞猫"；三维"飞猫"可进行三维空间的运动，如 2010 年南非足球世界杯转播中所用的"飞猫"，有的资料称之为"蜘蛛眼"。

与大摇臂和直升机、飞艇航拍相比，"飞猫"有如下优点：

不受大摇臂长度（小于 20 米）的限制，可进行穿越整个足球场地（国际比赛长 100～110 米、宽 64～75 米）的运动，资料显示可跟踪拍摄主体近千米。

没有直升机的噪声和振动，运动速度明显比直升机快而且流畅，并可以做直升机做不了的小半径转弯。

比飞艇的高度低，甚至可做近地面运动，而且运动速度敏捷，不似飞艇般拖沓。

可以说"飞猫"弥补了大摇臂拍摄和直升机、飞艇航拍之间的空白。

"飞猫"优点不少，但也有其不足之处。如在 2010 年南非足球世界杯的转播中，开场仪式中使用较多，但由于担心牵引索会干扰足球的空中轨迹，赛程转播中只好高高挂在空中，只给大俯镜头，而将"飞猫"的优势——运动镜头置于不顾。另外，"飞猫"的控制较为困难，必须有专门从事该项技术的工程师们来操作，架设也费时费力。

实验指导

1. 用3个讯道直播一场足球，如何安排机位？如何切换？

(1)设置机位图。

(2)设计切换程式。

(3)试做导播阐述。

2. 如果将直播方案改为6讯道和12讯道，你将如何安排直播？

(1)设置机位图。

(2)设计切换程式。

(3)试做导播阐述。

思考题：

参照图7-2-1、图7-2-4、图7-2-5、图7-2-6、图7-2-7、图7-2-8，叙述各比赛项目的机位作用。

第八章　二级切换的 EFP 方式

本章学习要点

- 二级切换的分工
- 二级切换的镜头调度
- 二级切换的导播要领

第一节　二级切换的概念及适用节目类型

二级切换的 EFP 方式是指两个 EFP 系统联合工作的方式，如图 8-1-1 所示，即 EFP1 系统输出的 PGM1 信号作为 EFP2 系统的输入，参加 EFP2 系统的切换。

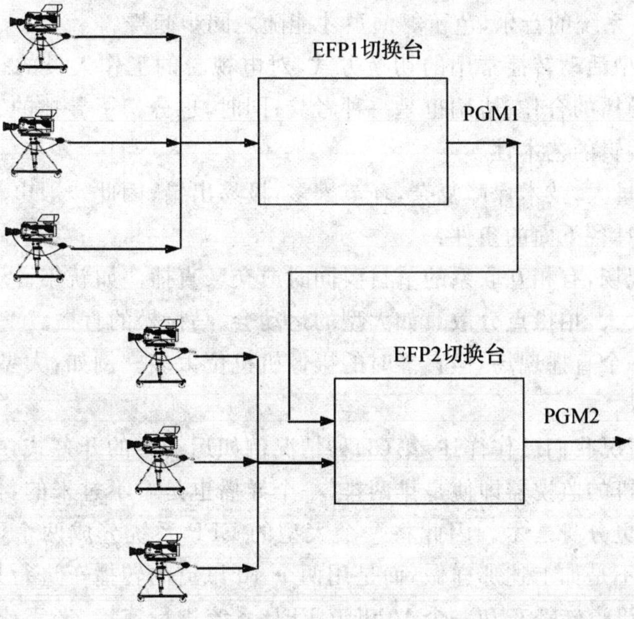

图 8-1-1

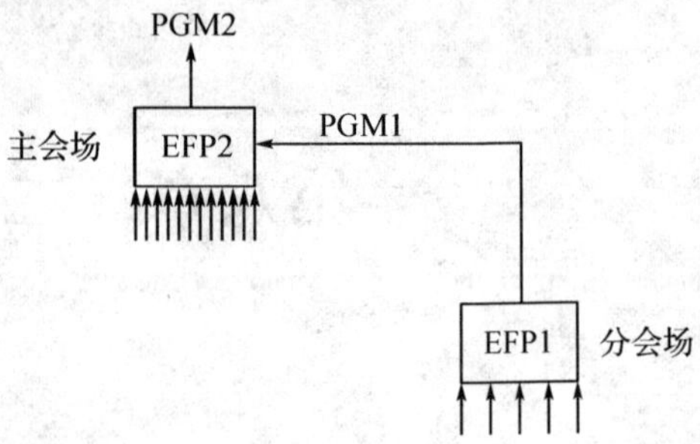

图 8-1-2

例如：在 2005 年维也纳新年音乐会的转播中，音乐会主会场在金色大厅还有一个分会场，即芭蕾舞会场(可参见图 8-1-2)。

主会场是一个 12 讯道的 EFP2 系统，分会场是一个 5 讯道的 EFP1 系统，两个 EFP 系统有各自的音频、视频和通信联络系统，当然两个 EFP 系统之间也应该有通信联络和音频、视频信号的往来。芭蕾舞分会场 EFP1 系统专门进行芭蕾舞的转播，切换的 PGM1 信号送到主会场 EFP2 系统的切换台上，作为一路输入信号。

音乐会开始播出时，使用主会场 EFP2 系统的切换台的节目信号 PGM2，对金色大厅的音乐会进行实况转播。当《蓝色多瑙河》音乐响起，芭蕾舞演员也同时翩翩起舞，分会场的导播将芭蕾舞的 PGM1 信号切出，同时输入主会场 EFP2 系统切换台，主会场的导播在适当时机将芭蕾舞和音乐混合切出，输出 PGM2。这时的 PGM2，实质上就是 PGM1 信号。这就是二级切换。

我们称分会场为第一级切换，这一级 EFP1 系统切出的 PGM1 信号进入第二级 EFP2 系统即主会场的切换，输出 PGM2 信号，称为第二级。

二级切换的技术保障是两个 EFP 系统之间音频、视频信号往来与通信联络的畅通：第二级 EFP 系统应能收到第一级 EFP 系统的 PGM 信号；第一级 EFP 系统应知道本系统的 PGM 信号何时切入、何时切出，并能看到第二级 EFP 系统切换的图像；第一级 EFP 系统的现场要能听到第二级 EFP 系统的音乐，芭蕾舞演员才能随之同步起舞。

二级切换是大型活动转播常用的切换方式，对电视台的工作人员的技术、协作能力等是一种考验，对各级导播的合作、协调也是一种考验；同时，也分担了导播的工作量，提高了切换的准确率，增强了编辑的艺术性。

二级切换工作量大，技术保障复杂，环节繁多，极易出错，因此一般电视台不会轻易使用。使用二级切换必须具备下面的条件：

(1)两个直播现场，有相互联系的节目要同时或交叉直播。如新年音乐会。

(2)直播场地太大，拍摄点分散。如大型的运动会、马拉松的直播。

(3)虽然只有一个直播现场，但直播时的摄像机机位太多。例如，大型社会活动、大阅兵、运动会开幕式，等等。

第(1)、(2)种情况我们已作详述，第(3)种情况例如运动会的开幕式，一般有 20 台以上的摄像机。这些摄像机的监视器即使是排两排，一个导播也是看不过来的，何况导播还要比较、选择、切换镜头，就更分身乏术。因此将一个大型的 EFP 系统分成两个，成为二级切换。在实际操作上电视台不是如上述那样做，而是用两个 10 讯道的转播车进行连接，来完成二次切换；或者是一个 10 讯道转播车和一个 10 讯道 EFP 系统进行连接，来完成二次切换。十运会开幕式就取后一种方式。这样 20 个讯道由两个导播来切换，导播的工作量就减轻了，工作的可靠性、稳定性也增加了。

二级切换一般用于大型活动,如运动会开幕式、阅兵式等大型、超大型活动,也用于两个以上现场的直播。

第二节　二级切换导播要领

如果说一级切换是战斗,那么二级切换就可以说是战役了。场面规模扩大,就必须精心组织、精心策划,并付诸实施。

以国庆60周年阅兵时的直播为例,作如下分析。

(1)根据节目的形式和内容进行必要的分工。

哪些节目进行一级切换,哪些节目进行二级切换;其间如何过渡,如何衔接,可以是两位导播进行切磋和商量,也可以由一个导播组来进行协调。

国庆60周年天安门广场阅兵,策划了6个分系统:A、B、C、D、E、F,由一个导播组来进行协调、实施。导播组进行必要的分工,由各组的分导播分别切换该组的镜头,再由总导播根据全局的情况,切出最适当的镜头。

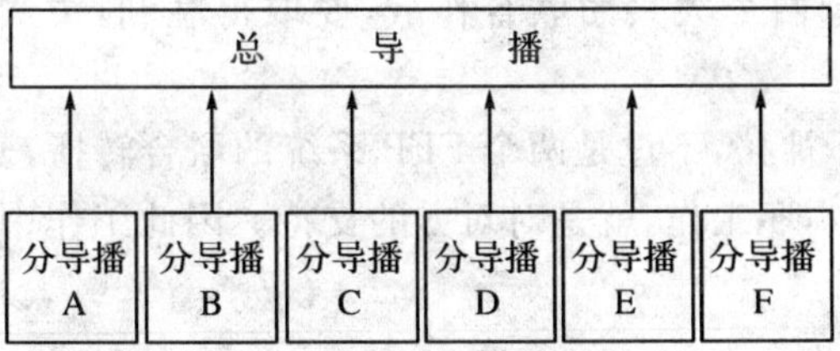

(2)根据分工情况在场地示意图上标出摄像机的机位。

机位的布置原则仍按照基本布局加特殊需要机位的方法实施。

国庆60周年现场六大直播系统中,共用了57台摄像机,分为6个系统,其具体分工为:

A系统(长安街以北,金水桥沿线)重点拍摄阅兵式、群众游行及联欢晚会等;

B系统(天安门城楼)直播国家领导人及观礼嘉宾的活动;

C系统(天安门广场礼炮阵地)直播国庆升旗仪式、组字背景表演、夜晚群众联欢等;

D系统(东长安街沿线)全力聚焦阅兵式;

E系统(人民大会堂、国家大剧院、毛主席纪念堂、国家博物馆、天安门广场上空的直升机航拍)直覆盖天安门核心区的制高点机位,拍摄天安门广场的全景实况;

F系统(分别在天安门广场东边的国贸三期、西边的复兴门中华大厦楼顶、南边的永定门城楼上、北边景山公园山顶架设直播机位)专门负责制高点拍摄,实时传递国庆当天的首都风貌。

央视将57个机位分布在广场核心区、市区四个高点以及一架直升机上,多视角、全方位地呈现盛大的广场庆典活动。如此多的机位，目的是确保每一个精彩画面都能被记录，经过编辑后随时呈献在观众眼前。

(3)根据机位图标出各摄像机的镜头分工，写出分镜头本，并分发给各摄像师征求其意见，修改后实施。

导播应该仔细做好案头准备工作，模拟各机位的景别，画出草图，进行模拟切换、编辑，找到最佳切换方案，制订出较完善的、可控的导播程序计划。

国庆 60 周年天安门广场阅兵的导播方案，各个机位的景别分别由三维动画软件模拟生成，在国庆前半个月导播就已经对切换方案了如指掌，并进行了数次演练，对国庆 60 周年阅兵的整体编辑效果做到了心中有数。

(4)二级切换应保证两级导播之间的通信联络，保证两级切换的各部门的工作人员密切合作。

通常分工的原则是把全部节目按单元切成块。由第一级导播负责部分单元，由第二级导播负责另一部分单元，当然单元不宜过“碎”，否则难以操作。国庆 60 周年阅兵的转播，6 个系统每个系统的摄像机约为 10 台，每个系统有自己明确的任务，并且按照自己系统的意图去切换镜头。

2005 年维也纳新年音乐会的转播也是把全部节目按单元切成音乐会和芭蕾舞两块，由每一级导播按自己的意图去切换自己负责的那一部分，这样音频、视频、字幕等工作人员的分工也就随之而定了。分工不分家，在实际切换时，两级导播都应为对方考虑，使对方比较容易进入切换。二级切换就好像两个大兵团联合作战，要取得胜利，关键就在两个兵团的协调与合作。

其实二级切换也并不神秘，不过是两个 EFP 系统的联合转播，实际操作中还是按分工独立工作，只要做好各自的本职工作，就是对对方的支持。因此工作中也不必紧张，按平常转播时的工作做即可。

第三节　二级切换方式的案例分析

二级切换一般用于大型活动，本节以第十届全国运动会为例，具体分析二级切换方式的运用。

一、开幕式现场直播

1. 设备配置

江苏电视台在奥体中心搭建了一个 8 讯道的 EFP 系统，购置了一台 8 讯道高清晰度转播车(开幕式未用，用于田径转播)，配置了西门子转播车上的 5 个讯道，另外还有无线摄像机 2 台，遥控摄像机 4 台，外加中央电视台航拍直升机上的 1 台摄像机，总共 20 台摄像机。

2. 工作分工

开幕式的系统设备由江苏电视台提供，系统的调试和直播的技术工作由江苏电视台的工作人员承担；开幕式转播的导播和摄像师由中央电视台的工作人员承担，转播方案由中央电视台制定。

早在开幕式前数月，江苏电视台就开始了技术准备工作，整个转播系统以 EFP 机房为中心，加上所配置的摄像机，它们按中央电视台导播画的机位图布置摄像机的机位。

3. 系统调试与方案修正

10 月 3 日江苏电视台参加开幕式转播的工作人员全部到位。直至 10 月 6 日开幕式第一次预演，系统全部调试完毕。

直播前连续四天四次预演，几乎每次预演后，中央电视台的导播都提出了修改系统的方案。江苏电视台的工程师们连夜撤回原先布置的摄像机机位和电缆，重新布置机位(有的摄像机位于奥体中心高空马道上，电缆长达 300 米，重新布置一台摄像机机位要七八个人连续工作 3 个多小时，又重新布置 EFP 机房的接线，最后的机位图参见图 8－3－1。

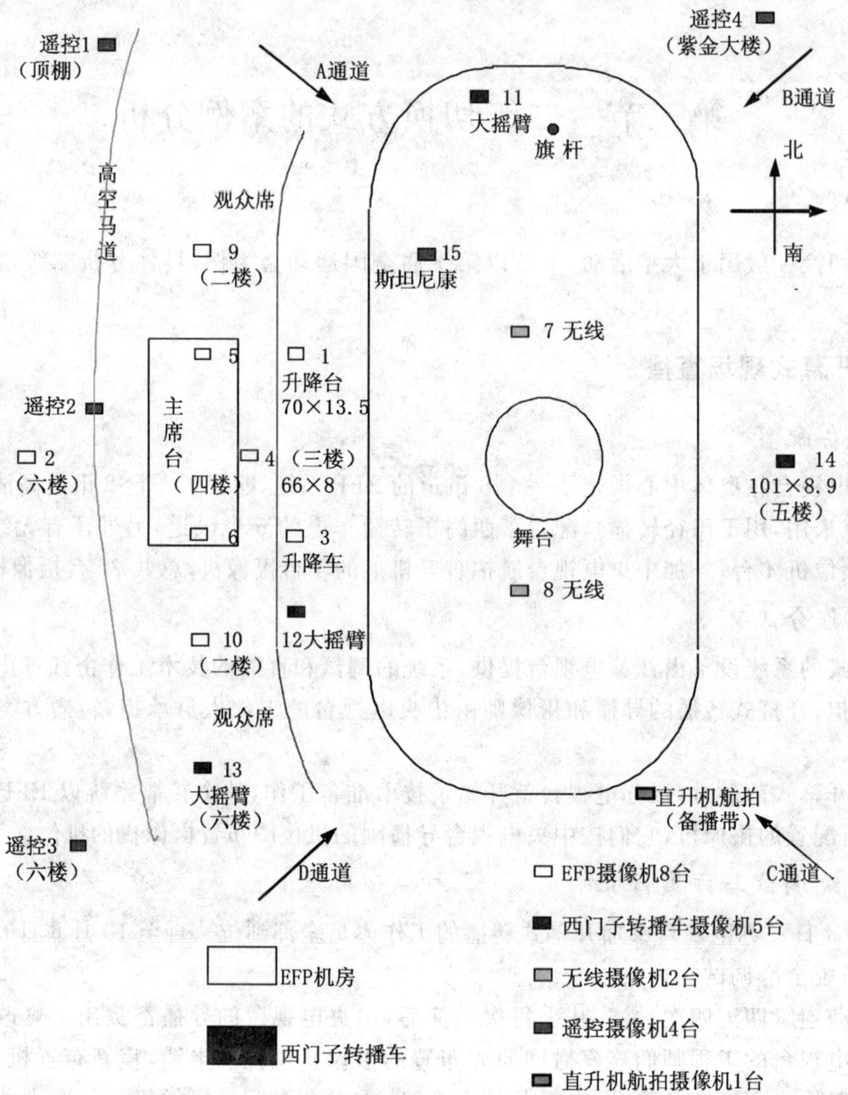

图 8-3-1

4. 现场机位设计和景别策划

摄像机 1、2、3 号机组成基本机位。升降台上的 1 号机安装了 70×13.5 的大倍率镜头（拍圆形舞台上演员的中近景、特写镜头）；摄像机 4 号机安装在三楼，用的是 66×8 的镜头，拍摄圆形舞台上演员的中近景或特写镜头；升降车上的 3 号机拍摄胡锦涛等中央领导人的镜头；摄像机 5 号机、6 号机安装在主席台上，拍摄胡锦涛等中央领导人的镜头；摄像机 14 号机安装在主席台对面五楼上，用的是 101×8.9 镜头，拍摄胡锦涛等中央领导人的镜头，这样，用三台机位拍摄胡锦涛等中央领导人的镜头，可保证多机位、多景别的画面质量。摄像机 2 号机安装在六楼，拍摄大全景；遥控 2 号机安装在高空马道上，拍摄大全景，这样可以从两个角度给出大全景。摄像机 9、10 号机可捕捉上场演员的镜头；摄像机 7、8 号机是无线摄像机，拍摄进入场内人员的中近景和特写镜头；斯坦尼康 15 号机可进入场内甚至演员队伍中拍摄中近景和特写镜头；摄像机 11 号机安装在旗杆附近的大摇臂上，拍摄升旗镜头；摄像机 12 号机安装在大摇臂上，可拍摄演员队形变化的运动镜头，该机移动范围大，运动起来镜头有气势，直播中使用较多。摄像机 13 号机安装在大摇臂上，因靠近顶棚无法运动，基本被限制，作用不大，镜头可由遥控 3 号机取代；遥控 1、3、4 号摄像机都是奥体中心的全景；遥控 4 号摄像机位置较高，加上直升机航拍录制的鸟瞰镜头，大全景足够多了，各种角度也足够多了。

5. 岗位职责分工与导播过程分析

10 月 12 日开幕式直播进入倒计时。为了保证直播工作的质量，江苏电视台的导播担任中央电视台导播的助理，江苏电视台的摄像师担任中央电视台摄像师的助理。

19 点整江苏电视台开始直播开幕式第一部分群众体育表演，导播切换十分随意。因为中央电视台不直播，导播也没有压力。

时近 20 点，中央领导胡锦涛等人走上主席台，导播调度 1、3、5、6 和 14 号机拍摄中央领导各角度各景别的镜头。此后因 14 号机是反轴摄像机，在文艺演出时就没有再用了。

大型文艺演出《时代交响》开始，第一章《石破天惊》音乐以鼓声为主，节奏明快，动感强烈，灯光和演员的形体动作都随音乐的节奏变化。这时导播的切换明显慢于音乐的节拍，切换点也跟不上音乐的节奏，显得功力不足。到《永远的江南》一章时，由于音乐渐渐舒缓，节拍和节奏由快而慢，旋律由强烈而抒情，导播这时的切换才缓过劲来，用混合和叠画来处理和编辑，才显得有点得心应手。

摄像师中给人留下深刻印象的，首先是那位操作斯坦尼康摄像机的摄像师，他给出的镜头运动感很强，敢于用特写镜头，敢于在走动中拍摄，敢于钻进演员队伍中拍摄。设计斯坦尼康的本意是使镜头稳定，但实际使用中动起来的镜头才好看，全景的动和特写的动又有明显的区别。因此，敢于走动拍摄，敢于走动拍特写，敢于走进演员人群中去拍特写确实是标新立异之举。其次就是操作大摇臂 12 号机的摄像师，他的镜头运动自然流畅，起幅和落幅准确干净，不拖泥带水，尤其是镜头摇移经过国旗和十运会会旗的运动很到位，很有气势。

开幕式的照明主要是体育场四周两排灯具，一排 5 600K 色温，一排 3 200K 色温，混合起来的色温是 4 100K，群众体育表演主要用此照明。由于直播前测得色温，摄像机颜色调得较好。后面的文艺表演，多用红、黄、蓝等色光，白光很少，因此屏幕效果不好，显得混浊模糊，缺少层次。因文艺表演是由文化部门主办，注重舞台效果的习惯使其不可能过多关注屏幕的效果。

6. 实践经验的总结

经过这场直播使我们意识到：

(1)大型活动在现场直播前要做好详细的案头工作，并交其他部门征求意见，取得各部门的认同，需要各部门的合作。

(2)这样大型的直播由两个从未合作过的单位进行工作,尽管有3~5天磨合期,总有不尽如人意之处。

(3)从中央电视台的转播方案来看,他们优先考虑的是稳妥。仔细分析机位图可以发现,几乎每一个镜头的拍摄都有两个或两个以上的摄像机机位,拍摄中央领导人的机位甚至可达5个之多(1、3、5、6、14号机)。重要镜头安排多个摄像机,相互补充,这是大型活动现场直播的重要经验之一。

(4)导播面对的讯道监视器多达20台,眼睛根本看不过来,不可能对镜头的编辑做冷静、细腻地分析后再动手切换,因而显得手忙脚乱。解决的办法有二,一是减少摄像机机位,二是采用二级切换。

二、十运会田径赛事的现场直播

十运会田径赛事是从10月17日开始,22日晚结束,历时6天。除了10月17日是晚17点半至22点,自18日始,每天上午9点至12点,晚18点半至22点。

(一)各系统的配置和任务

直播计划是采用三个相对独立的EFP系统来完成体能径赛的直播,一台西门子转播车,一台高清转播车,一套EFP系统机房。三套系统以比赛项目的场地区分来分配各系统的直播任务。

(1)西门子转播车完成体育场北半区田赛的直播,包括铅球、标枪、跳远、三级跳远和撑杆跳。

(2)高清转播车完成体育场南半区田赛的直播,包括链球、铁饼和跳高。

(3)EFP系统机房完成径赛、混合采访区和颁奖仪式的直播。

根据直播计划,开幕式结束的当晚江苏电视台工程师们连夜进行系统的更改工作,将西门子转播车、高清转播车和EFP系统机房配置成一个既可独立输出PGM信号又可连成一个二级切换的大系统(参见图8-3-2、图8-3-3)。

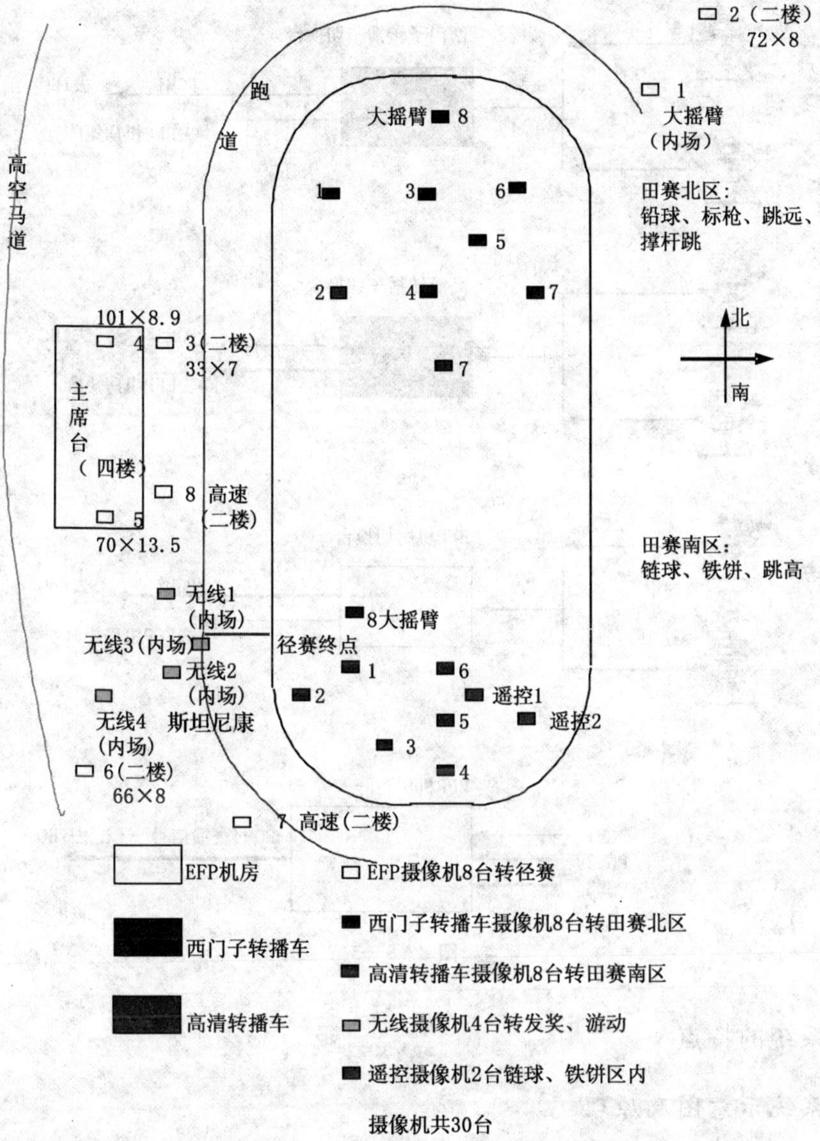
2（二楼）
72×8
1
大摇臂
（内场）
跑
道
大摇臂 8
1
3
6
5
2
4
7
田赛北区：
铅球、标枪、跳远、
撑杆跳
高
空
马
道
北
南
101×8.9
4
3(二楼)
33×7
7
主
席
台
（四楼）
8 高速
(二楼)
5
70×13.5
田赛南区：
链球、铁饼、跳高
无线1
(内场)
8大摇臂
无线3(内场)
径赛终点
无线2
(内场)
1
6
2
遥控1
无线4
(内场)
斯坦尼康
5
遥控2
3
4
6(二楼)
66×8
7 高速(二楼)
EFP机房
EFP摄像机8台转径赛
西门子转播车摄像机8台转田赛北区
西门子转播车
高清转播车摄像机8台转田赛南区
高清转播车
无线摄像机4台转发奖、游动
遥控摄像机2台链球、铁饼区内
摄像机共30台

图 8－3－2

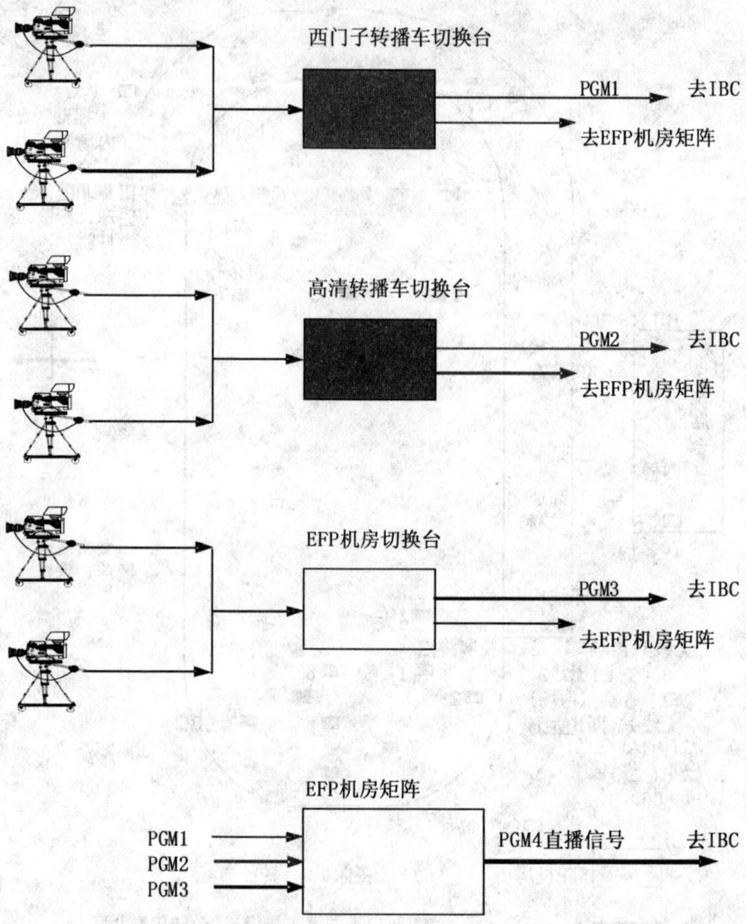

图 8-3-3

(二)系统的特点

1. 各系统示意图及原理

如图 8-3-3 所示,西门子转播车、高清转播车和 EFP 系统机房有各自的摄像机和切换台系统,各自都可以向 IBC 输出 PGM 信号,分别是 PGM1、PGM2、PGM3。西门子转播车、高清转播车和 EFP 系统机房输出的 PGM1 信号、PGM2 信号和 PGM3 信号不仅送往 IBC,而且送入 EFP 系统机房的矩阵。西门子转播车、高清转播车和 EFP 系统机房是为整个大系统的第一级切换,矩阵作为该大系统的第二级切换,输出的 PGM4 信号送往 IBC。

2. 系统的特点

因田径赛事场地分散,比赛时间交叉重合,转播的难度较大。系统的改建较好地适应了田径赛事的转播特点,三个系统可分可合,分则三个系统都可单独向 IBC 提供信号,合则三个系统组成一个大系统由矩阵向 IBC 送信号。直播就用矩阵输出的 PGM4 信号，如果这时田径赛事有重合，虽然直播只能切出三个系统中的一个，但其他两个系统（包括矩阵切出的那个系统）并没有停止向 IBC 送信号，还可向索要信号的电视机构单独提供非直播的信号，这就是合中有分的办法。

直播时总导播坐镇 EFP 系统机房矩阵前，根据比赛的热点赛事，选择 3 个 PGM 信号中的一个切出。

（三）实施过程的案例分析

以 10 月 20 日晚 110 米栏著名运动员刘翔参加决赛为例。

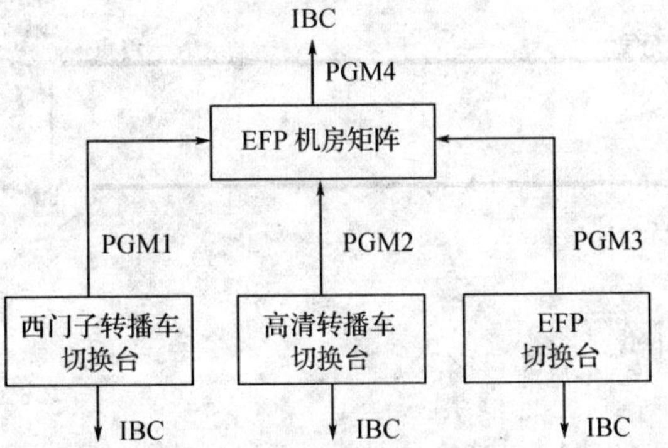

总导播切出 EFP 系统机房的 PGM3 信号（此时矩阵输出的 PGM4 信号就是 PGM3 信号），这时直播赛事的镜头调度由 EFP 系统机房的分导播完成。赛事一完，总导播切到田赛赛场，此后就是西门子转播车或高清转播车的事了（此时矩阵输出的 PGM4 信号就是 PGM1 或 PGM2 的信号），这时直播赛事的镜头调度由西门子转播车或高清转播车的分导播完成。数分钟后，为 110 米栏第 1、2、3 名运动员颁奖时，总导播再切出 EFP 系统机房的 PGM3 信号（此时矩阵输出的 PGM4 信号又是 PGM3 信号），这时直播颁奖的镜头调度又由 EFP 系统机房的分导播完成。直播刘翔比赛时，田赛仍在进行，这时直播虽然看不到田赛的镜头，但在 IBC 可以看到田赛的图像，因为西门子转播车和高清转播车没有停止直播田赛的赛事，IBC 仍能收到 PGM1 信号和 PGM2 信号，当然也能收到 PGM3 信号和 PGM4 信号。所以看直播时，田赛的转播是被刘翔“打断”的，但在 IBC 看田赛的直播却是完整的。

由于分工明确，各分导播与总导播各司其职，切换忙而不乱，信号的调度十分便捷，复杂的田径赛事就变得不紧不慢，从容多了。

（四）具体计划的实施过程

为了搞好直播，江苏电视台直播团建立了联络员制度。田径赛事自始至终都有联络员坐镇田径竞赛委员会，随时掌握赛事动态和进程，并将信息送到 EFP 系统机房，便于导播掌握赛事动态，及时调度摄像师。赛场上常见提着无线摄像机的摄像师们在跑动，从一个赛场跑向另一个赛场，或从赛场跑向颁奖台，这说明导播正根据联络员提供的信息调度摄像师，奔向即将开始直播的目的地。

10 月 16 日晚江苏电视台进行了一次直播预演，初步保证了田径赛事直播系统的成功。第二天的直播有点乱，这是因为总导播与分系统的导播之间有些不适应，需要交流和沟通，分导播和摄像师之间也需要磨合；加上时间仓促，一些分导播与摄像师没有仔细研读总导播制订的直播计划，没有理解总导播的意图。有的导播是从文艺部门调来的，习惯了文艺节目的切换，镜头的衔接还用混合和叠画。总导播耐心细致地与之交流，告诉他们混合和叠画容易使观众产生误解，以为是慢动作而不是实时的直播镜头。经磨合，此后的直播就走上正轨，效果一天比一天好了。

镜头的切换以 110 米栏为例，参见图 8－3－4 和表 8－1。

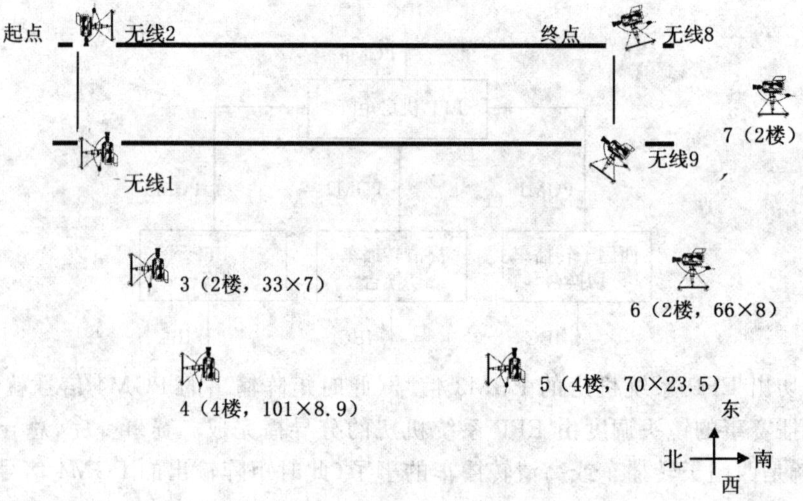

图 8－3－4　100/110 米/栏比赛机位图

表 8－1　十运会田径（100m/100m 栏/110m 栏）比赛电视转播切换标准

序号	信号源	衔接方式	切入点（拍摄内容及镜头处理）	字幕	备注
1	7 讯道	田径场全景	项目介绍		
2	无线 1	切	1 道　运动员赛前准备　正面近景（胯、腰以上）	介绍运动员	
3	无线 2	切	2 道　运动员赛前准备　正面近景（胯、腰以上）	介绍运动员	
4	3 讯道	切	3 道　运动员赛前准备　正面近景（胯、腰以上）	介绍运动员	
5	无线 1	切	4 道　运动员赛前准备　正面近景（胯、腰以上）	介绍运动员	
6	无线 2	切	5 道　运动员赛前准备　正面近景（胯、腰以上）	介绍运动员	
7	3 讯道	切	6 道　运动员赛前准备　正面近景（胯、腰以上）	介绍运动员	
8	无线 1	切	7 道　运动员赛前准备　正面近景（胯、腰以上）	介绍运动员	
9	无线 2	切	8 道　运动员赛前准备　正面近景（胯、腰以上）	介绍运动员	

续表

序号	信号源	衔接方式	切入点(拍摄内容及镜头处理)	字幕	备注
10	4 讯道	切	运动员上跑道(侧全)		
11	无线 1	切	运动员准备起跑(侧全 跑道外侧 低机位)		
12	4 讯道	切	运动员起跑……冲刺(侧全 摇)		
13	无线 8、9	切	赛后运动员　正面近景(前 1—3 名,以第 1 名为主)		
14		LOGO			
15	5 讯道	叠画	运动员后 50m 冲刺(侧全　摇—定)		慢动作
16	6 讯道	叠画	第 1 名运动员后 40m 冲刺(正面上半身)		慢动作
17	4 讯道	叠画	运动员起跑(侧全)		慢动作
18	5 讯道	叠画	运动员后 50m 冲刺(侧全　摇—定)		慢动作
19	6 讯道	叠画	运动员后 40m 冲刺(正面全景)		慢动作
20		LOGO			
21	无线 8、9		运动员赛后 正侧面近景(胯、腰以上)跟		
22		切	观众(小全　摇),教练员(近景)		
23	7 讯道	切	田径场全景	成绩	

1. 过程切换程式

直播的开始基本上是以奥体中心全景或火炬全景等镜头开场。

赛前介绍运动员,以近景做同景别切换,每个运动员一个镜头;运动员上起跑线后一个全景接一个低机位小全。比赛枪声一响一个摇镜头到底,这时不可分切,应给观众看到一个完整的过程;冲刺后给运动员近景,可较好地表现他们的神态。这一过程一共用了 13 个镜头来表现。

2. 编辑切换程式

接下来是慢动作片花—慢动作—慢动作片花,再接观众镜头—场馆全景,一场比赛就播完了,一共 23 个镜头。

这里最应注意的就是,运动员从起跑到冲刺必须用一个镜头完成,这一过程也就是十几秒。短跑不同于中长跑,中长跑弯道处可以分切,冲刺时则不宜分切。

跳高机位图可参见图 8-3-5,切换标准可参见表 8-2。

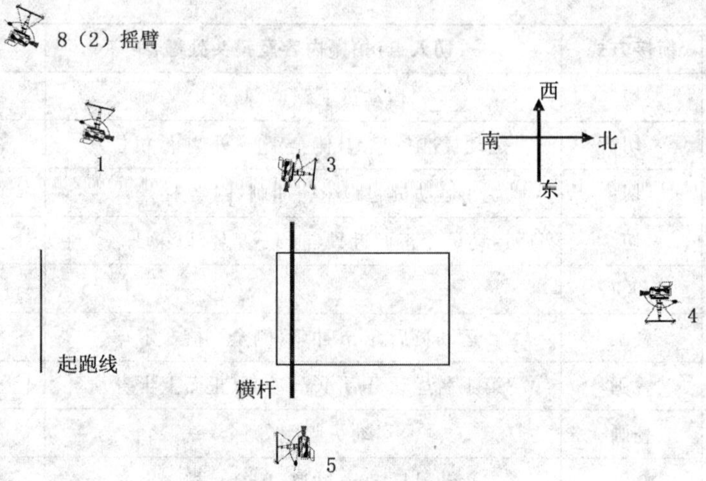

图 8-3-5　跳高机位图

表 8-2　十运会田径(跳高)电视转播标准

序号	信号源	衔接方式	切入点(拍摄内容及镜头处理)	字幕	备注
1	1(5)讯道	切	运动员赛前准备,正面近景(胯、腰以上)	介绍运动员	
2	摇臂 8 讯道	切	运动员助跑、起跳、过杆、落垫的过程,小全		
3	3 讯道	切	裁判举旗,小全		
4	1(4、5)讯道	切	运动员赛后,正(侧)面近景(胯、腰以上)		
5	LOGO				
6	4 讯道	叠画	运动员正面过杆、落垫(横杆)		慢动作
7	摇臂 8 讯道	叠画	运动员助跑、起跳、过杆、落垫的过程,小全		摇臂,慢动作
8	1(5)讯道	叠画	运动员落垫表情、动作,小全,跟拍		慢动作
9	LOGO				
10	3(1、5)讯道	切	运动员赛后正(侧)面近景(胯、腰以上)跟拍	成绩	
11	3(1、5)讯道	切	观众,小全,摇,教练员近景		
12	4 讯道	切	跳高区,小全		

摄像机机位和拍摄重点：

1 讯道　运动员助跑区右侧,重点:运动员赛前、赛后的表情和个性化动作。

摇臂 8 讯道　助跑区外跳高架右前方 2 米,重点:运动员助跑、起跳、过杆、落垫的过程,侧小全一臂抬一摇一机头俯一推一定。

3 讯道　面对裁判员一侧,重点:运动员赛前、赛后的表情和个性化动作,裁判、观众和教练。

4 讯道　跳高垫后方 3 米,重点:运动员助跑、起跳、过杆、落垫。

5 讯道　运动员助跑区左侧,重点:运动员赛前、赛后的表情和个性化动作。

3. 比赛间隙切换程式

比赛的间隙，总导播认为不应像文艺节目直播时给一些空镜头，而是要摄像师给观众镜头，捕捉其神态、动作和表情有特点的观众。通过现场大屏幕，观众看到自己上了镜头，神情为之一变，或大喜或大惊，也成赛场一景。

正是由于按照直播计划实施直播，全体工作人员的工作受到好评。

例如，10 月 19 日晚女子 1 500 米决赛最后冲刺时，著名运动员邢慧娜抢道碰撞到山西运动员刘青，将其挤出跑道，事后邢慧娜被判罚取消金牌。第二天邢慧娜、教练和裁判委员会的裁判都来 EFP 系统机房看录像。最后 50 米冲刺的镜头有正面、侧面、全景、中景共 5～6 个，硬盘录像机随机的慢动作重放，将当时的情景再现得一清二楚。裁判委员会要求将录像制成光盘，并对我们的转播工作表示感谢。

10 月 19 日、20 日和 22 日三个晚上都有著名运动员刘翔的比赛，是时南京降温，但还是有数万观众慕名而来。总导播调度 5 台无线摄像机、3 台观众席上的摄像机，分别给出刘翔在起跑线上的中近景和特写镜头。在终点调度 2 台无线摄像机、3 台观众席上的摄像机给出“飞人”的冲刺和赛后英姿，许多现场远离起点和终点的观众因看不到刘翔本人，不约而同地扭头看现场大屏幕的刘翔画面。有观众说：“真不如回家看电视，还不受冻。”

4. 特殊情况的切换原则

导播有了直播计划，可按计划正常执行。遇到特殊情况，如热点人物出现时，可改变计划，突出热点人物，捕捉热点事件和热点人物的细节，使转播更吸引人。

5. 现场声细节的处理

田径赛事现场声的拾取也很有特点。田赛赛场布置了 33 个话筒，竞赛赛场沿跑道内圈布置了 24 个话筒，录音师说：“链球和标枪在空中呼啸的声音都能听见。”总导播告诉笔者，径赛时运动员在终点摔倒，身上皮肤与跑道摩擦的声音都听得到。转播的水平体现在何处？就看你能否注意到、捕捉到、拾取到别人没有注意到的细节。

（五）经验总结

十运会田径赛事的直播是江苏电视台历史上规模最大的一次直播，参加工作的人员和设备是最多的一次，难度是最大的一次，也是较为成功的一次。即便如此，总导播还是不无遗憾：“如果还能多点设备，例如轨道摄像机（俗称‘跑兔’），转播就更好看了。”

从十运会的田径赛事的转播来看，有以下成功经验：

（1）赛事直播不能没有案头准备工作，案头准备工作的文字化、规范化有利于赛事直播的程式化，也便于导播和摄像师的交流。

（2）赛事直播前导播和摄像师应有足够的交流和切磋，经常集体观看国际比赛的实况录像，讨论研究录像中的优缺点，并考虑自己应该怎样做。

（3）导播应让摄像师了解自己的切换意图，在直播中实时提供令导播满意的镜头。

（4）田径赛场较大，导播调度摄像师稍有怠慢，摄像师就难以赶到现场。建立了联络员制度，田径赛事自始至终都有联络员坐镇田径竞赛委员会，随时掌握赛事动态和进程，并将信息尽可能提前通知 EFP 系统机房中的导播，便于导播掌握赛事动态，及时调度摄像师。

(5)二级切换使总导播与分导播各负其责，使同时进行的赛事有条不紊地播出，信号同时送新闻中心，可随时调用。

总之，十运会的开幕式和田径赛事的直播是一项较大的系统工程，是每一位工作人员付出的辛劳和汗水的结晶。

附：2008 年北京奥运会的电视直播

一、概况

根据国际奥委会的规定，奥运会的赛事直播必须要由国际奥委会所属的奥林匹克转播服务公司即 OBS 来主管。因为在国际奥委会执行委员会的决议中规定，申办城市的文件中必须包括“如申办成功，广播电视转播方面的工作同意由国际奥委会来负责”的条款，否则，不能获得申办资格。因此我国奥运会组委会成立了北京奥林匹克转播有限公司，即 BOB，来承办奥运会的赛事直播。这是一个中外合作的企业，北京奥运会组委会占 75%的股份，国际奥林匹克转播服务公司 OBS 占 25%的股份。在我国关于广播电视的规定中，不允许外资进入广电领域。BOB 是由国务院特批的、我国唯一一家允许外资进入的广播电视制作公司。

BOB 的任务是负责全部 28 个比赛项目的直播。这些项目分布在中国境内的 6 个城市，一共 43 个比赛场馆，仅北京就有 37 个比赛场馆。其中，中国的直播团队负责 7 个项目，其余的项目分别由欧洲广播联盟(EBU)、亚洲广播联盟、美国的 NBC、加拿大的 CBC、日本的 NHK 等广电机构或公司来完成。我国包括中央电视台有 8 个电视台参加这 7 个项目的赛事直播工作，一共 19 个制作队伍，700 多人，2005 年已和 BOB 签订了备忘录。这是自 1992 年开始现代化奥运会直播工作以来，举办国人员参与项目最多的一次。雅典、悉尼的奥运会直播，当地电视台只不过参与其中的 2～3 个项目。

BOB 的人员近 4 000 人，要制作 3 800 小时的电视信号，租用 70 辆高清转播车，一共 1 000台左右的摄像机。服务对象是全球 200 家电视台的 40 亿电视观众，此外还要接待 12 000位来自世界各地的记者和广播电视工作人员。

二、关于报道权

报道权是世界级大赛广播电视直播中的敏感问题。2008 年奥运会由于我国是东道主，是举办国，对过去奥运会期间要求不到的单独位置或特殊要求都得到满足。美国 NBC 电视台在所有奥运会场馆混合区内，都有权得到最好的直播摄像机机位来进行赛后的采访，唯一例外的就是东道主国家的电视台的摄像机要在他前面，也就是说在 2008 年奥运会所有的 28 个比赛项目的混合采访区内，只要我们有要求，第一位置就是中央电视台的。

三、奥运会赛事直播对我国电视业的促进作用

这里主要说奥运会赛事转播对我国的转播技术和工作人员素质方面的促进作用。

2004 年雅典奥运会期间，中央电视台派出两支队伍到雅典，参加乒乓球和羽毛球的赛事直播。这两支队伍在出发之前就进行了大量的培训，到了雅典后还继续进行培训。在两

个项目的直播中，得到国际奥委会以及国际乒联、国际羽联等方面的好评，认为央视在转播中的电视信号质量，无论在技术方面还是在艺术方面都是目前全世界最好的，也得到国内同行和广大电视观众的称赞。

在技术方面，国际奥委会规定北京奥运会必须尽最大可能采用高清晰度电视信号，到2010年的温哥华冬奥会和2012年的伦敦奥运会必须全部采用高清信号。如果没有北京奥运会的促进，中国各省级电视台对于高清技术运用的紧迫性的认识不可能有现在这么大。据统计，直到2006年初，全国有近30辆高清转播车的购买计划。这一方面是由于高清电视技术的成熟，使高清转播车的造价与标清转播车相比，已经拉近了距离，另一个原因就是北京奥运会赛事直播的促进作用。

我国的电视台毕竟不同于国外的商业台，对于奥运会赛事转播的参与，其动力更多的是荣誉上的，以及为了提高本台工作人员素质。

2005年10月在江苏省举办的第10届全国运动会上，参与电视直播工作的就有包括中央电视台和各省市电视台20家，一共27辆(套)转播车和EFP系统，将近三分之一是采用了高清信号，这既是对北京奥运会的赛事直播的一次预演，也是对2008年奥运会直播进行的一次设备和人员的测试。

北京奥运会期间，赛事的直播、IBC(国际广播电视新闻中心)的工作都给中国的电视人提供了广阔的天地来体验电视制作的国际化和现代化，这种大规模的国际化电视制作的机会是极罕见的，能够经过这种大规模制作的考验和锻炼，对我国的电视技术的发展，对参与人员的工作技能和素质的提高，都有极大的促进作用。

参考文献：

马国力：《北京奥运会电视转播》，载《现代电视技术》杂志2006年第5期。

附：关于我国的高清晰度电视标准

广电总局于2000年8月发布了GY/T155－2000“高清晰度电视节目及交换用视频参数标准”。在该标准中将1080/50i确定为中国高清电视信号源标准，i表示隔行扫描(interlace)，p表示逐行扫描(pregressive)。通常表达式为：1920/1080/50i，即

每行有效样点数(像素数)：1 920

每帧有效扫描行：1 080

宽高比：16:9

隔行扫描：50场，25帧

水平清晰度：870电视线(相对清晰度)，1 550电视线(绝对清晰度)

垂直清晰度：最大值1 080电视线

可与我国现行的标准清晰度电视信号源576/50i(PAL制)容易地实现上/下变换，为标清向高清过渡提供了良好的条件。

拍电影采用1 080/24p,据美国电影制作行业,特别是用胶片做前期拍摄的节目制作公司接受为后期制作的标准,也成为国际间高清电视节目的交换标准。

与标清电视相比,高清电视的节目制作有其特殊性,摄像机的操作,镜头的使用,宽高比16:9与4:3在构图时的差别,转播车、切换台、音频等等差别都很大,应另外开设课题讨论。

附:关于体育赛事电视公用信号制作标准

1992年巴塞罗那奥运会以来,奥运赛事直播的电视信号的制作,从“主办国模式”发展成为“多国模式”,即由原来的主办国自己组织广播电视机构制作电视公用信号,供各国使用,变成从全球精选多个国家的优秀制作团队,组成国际性电视直播组织,合作完成电视公用信号的制作。

2004年雅典奥运会,中央电视台承担了乒乓球、羽毛球和现代五项三个项目的国际公用信号的制作,收到奥运会直播公司和该项目体育组织专家的称赞。2008年北京奥运会我国电视人承担了足球、篮球、排球、乒乓球、羽毛球和现代五项等7个项目赛事的国际公用信号的制作。

体育赛事项目的程式化和规范化,奥运会电视直播的市场化和商业化,也使赛事直播和国际电视公用信号的制作实现了程式化和规范化,这样就形成了奥运赛事直播和电视信号制作的程式化和规范化,因此奥运直播就有章可循、有据可依了。根据国际奥委会的要求,我国电视机构在积累多届奥运会直播的经验和实践后,制定了足球、篮球、排球、乒乓球、羽毛球和网球的电视公用信号的标准,并在2007年出版。此前,2005年我国第十届全国运动会,江苏电视台和中央电视台就十运会赛事直播制定了各项比赛的直播标准,并制定了手册,供各个直播单位参考使用。

赛事直播公用信号的制作不仅要求忠实记录赛事,而且要求规范电视信号的制作,要求在统一的标准下制作电视信号,程序规范、流程统一,对某一体育项目不论制作人和场地如何变化,直播的电视信号基本效果一样。标准详细规定了一个体育项目转播的工作流程、摄像机数量、机位、镜头分配、景别要求、编辑切换要求、慢动作重放、字幕、音频国际声的制作、话筒数量和摆放位置等要求,使电视信号的制作成为标准化、规范化、程序化的制作。

电视公用信号进入市场,各国电视机构都可以通过奥运会的转播公司购买自己所需要的电视信号,这一信号是规范化的电视视频信号和音频国际声信号,只要加上本国的解说声,即可进行直播。

实验指导

1.试设计一田径项目的直播分镜头方案，如标枪、铅球。

(1)设备设计、机位的设置、景别策划。

(2)制定分镜头方案。

(3)设计导播切换程式。

2.试设计田径项目颁奖仪式直播方案。

思考题

如何理解体育赛事直播的标准化？其他类型节目的直播是否也应标准化？

本章参考文献：

1.《中华人民国和国第十届运动会电视转播技术运行手册》，中华人民共和国第十届运动会组委会广电部 2005 年 9 月编印(内部资料)。

2.《中华人民国和国第十届运动会田径比赛公共信号制作计划》，中华人民共和国第十届运动会组委会广电部赛事转播处 2005 年 10 月编印(内部资料)。

第九章　有关 EFP 现场制作的新技术

本章学习要点

- EFP 飞行箱系统
- 新闻节目的网络化制作与直播
- 虚拟演播室

第一节　EFP 飞行箱系统

近年来广播电视节目制作的多样化，对传统 EFP 系统提出了更高的要求，对节目制作的分工也提出更专业化的要求，飞行箱 EFP 系统便应运而生，成为节目制作的新宠。

一、飞行箱 EFP 系统的概念

飞行箱 EFP 系统简称飞行箱，是将 EFP 系统的视频、音频和通话系统的各类设备，按照节目制作的专业要求，分别固定安装在可搬动的多个箱体内，并加装各种防震垫，以防运输过程中的震动，保证设备的安全，这些安装了一台台电视设备的箱子，就称为飞行箱。运抵节目制作现场至目的地后，技术人员将一个个飞行箱按照节目制作的要求，进行合理的排列、组合，并将其间的电缆进行正确的连接，使之成为一套完整的 EFP 系统，调试完毕之后即可进行节目的制作。

在飞行箱的设计过程中应细致考虑具体设备的安装，以便于以后节目的制作、系统连线、调试和操作方便。如将几个摄像机安装在一个单元飞行箱中，将切换台的主机和矩阵的主机安装在一个单元飞行箱中，监视设备要考虑相应设备的要求，等等。

通俗地说，演播厅和转播车 EFP 系统是将 EFP 系统全部装进一个大大的箱体内，当然演播厅这个箱体比转播车更大，而飞行箱 EFP 系统是将所有设备分别装入几个甚至几十个小箱体中，便于运输和安装。

二、飞行箱 EFP 系统的使用

与传统 EFP 系统相比，飞行箱可拆可分，可聚可散，更具有制作节目的灵活性。一般飞行箱系统为 4 台摄像机安装于一个单元飞行箱中。要制作大型综艺、体育节目，就可以 3 个摄像机单元飞行箱组合在一起，加上切换台和周边设备单元飞行箱，成为一个 12 讯道的 EFP 系统。要制作谈话类的节目，两个摄像机单元飞行箱组合在一起，6～8 讯道的 EFP 系统就足以应付了。要制作小型节目如新闻节目，只要一个摄像机飞行箱加上一个小型切换台和周边设备飞行箱即可。如果要制作更大类型的节目，则可将 4 个甚至更多的飞行箱组合在一起，使 EFP 系统成为 20 个讯道以上的大系统。

从节目制作的现场来看 EFP 系统，演播厅是将节目现场“请进来”，转播车是“走出去”，而飞行箱 EFP 系统就是将“请进来”和“走出去”结合起来，可进可退。从节目制作的时间长短来看 EFP 系统，演播厅是“持久战”，转播车是打一枪换一地儿的“游击战”，而飞行箱 EFP 系统就是时间可长可短的“运动战”。

2007 年江苏电视台第二期“绝对唱响”大型综艺直播节目于 6 月 18 日至 9 月 1 日在南京师范大学仙林校区体育中心制作，使用了 4 个摄像机单元的飞行箱，两个切换台单元的飞行箱，组成了一个 12 讯道、双切换台（一台主切换台、一台做数字特技）的大型 EFP 系统，完成了长达两个半月、25 场次现场直播、每场次直播附一次彩排和一次带机彩排的工作量。

9 月该飞行箱 EFP 系统撤回到总台 600 平方米演播厅，进行访谈类节目“人间”的制作，使用了两个摄像机单元飞行箱和一个切换台飞行箱，组成一个 6 讯道 EFP 系统，完成每月 25 档节目的制作量。

三、飞行箱 EFP 系统的技术要求

从飞行箱 EFP 系统的连线来看，工程师要对系统非常熟悉，对信号的流程、走向，对设备的接口熟记在心，才能使系统在运输到位之后，在较短时间内安装调试完毕，并交付使用。使用过程中要能准确判断各种故障的原因，对产生的设备故障迅速解决，以保证系统的正常工作（参见图 9-1-1）。

图 9-1-1

飞行箱 EFP 系统的操作过程基本与演播厅、转播车相同，只是考虑到设备的安装紧凑——摄像机的安装是每 4 台装进一个飞行箱单元，这样就从传统 EFP 系统的每个工作人员操纵 3 台摄像机 OCP（摄像机控制面板），变成每个工作人员操纵 4 台摄像机 OCP，这给大型综艺节目的摄像机光圈和黑电平等技术元素的调试，增加了难度。经过不断地摸索，笔者总结了一些实践经验，细述如下。

一人控制 4 台 OCP 手柄，就应一只手控制 2 台 OCP 的手柄，手位就更显得重要。以 1、2、3、4（从左往右）讯道为例：以左手手腕作为柱支撑，食指和大拇指置于 OCP2 的手柄上，中指和无名指支撑在面板上，以无名指指腹和小指控制 OCP1 的手柄。光圈的控制由食指和小指操作，黑电平的控制由大拇指控制，注意转动黑电平旋钮时，其他手指应保持手柄不要移动，并协助大拇指完成黑电平旋钮的转动。

右手与左手相同。右手腕支撑在 OCP 台面上，食指和大拇指置于 OCP3 的手柄上，中指和无名指作为辅助支撑，无名指指腹和小指控制 OCP4 的手柄，控制要领同上。需要注意的是，操作时用力要平稳、均匀，眼睛要注意示波器和监视器，不要误操作。

飞行箱 EFP 系统从价格上来说要比转播车便宜（毕竟少了车体部分），但是毕竟不像转播车那么来去自由。对于在一个演播现场要制作长达 10 天半个月这样的节目来说，还是十分便利的。它最大的优势就是可以灵活组合，尤其是可以组合成大型的 EFP 系统，大型电视台相对更为青睐。对于一些嫌转播车价格昂贵的中小电视台来说，也不失为一种经济的考虑。

第二节　P2 技术与新闻的网络化制作和直播

一、P2 技术的概念与特点

P2 是一种新型的半导体存储器件。进入 21 世纪，电视技术有了更为飞跃的进展，P2 技术的开发就是其中之一。

称为 P2，是因为其英文名称是 Professional Plug in，其基本结构是将多块（开始时是 4 块）SD 卡（Secure Digital Memory Card，即安全数码记忆卡的缩写）组合到一块 PCMCIA（Personal Computer Memory Card International Association）卡中，经过专业的设计，成为 P2 卡。这样，一块 P2 卡的存储量和速度就是 1GB 的 SD 卡的 4 倍或更多倍。4GB 的 P2 卡可记录 DVCPRO 格式的音视频信号 16 分钟，DVCPRO－50 格式的信号 8 分钟。现在的 P2 卡的存储量可达 16GB。据资料介绍，P2 卡读写操作可达 10 万次，接口热插拔可达 3 万次。

对于电视拍摄来说，P2 卡记录的方式与计算机存储的方式类似：镜头的存储是以文件的方式记录在 P2 卡中，以镜头拍摄的时间顺序进行记录，可以用缩略图的方式进行浏览。如果需要浏览某一镜头，可打开这一文件进行浏览，对于不满意的镜头可以进行删除。这样给后期进行非线性编辑带来了极大的方便：以前磁带编辑如果要进行非线性编辑，就要先进行素材的上载，上载时间和磁带记录的时间相同；如果用 P2 卡进行非编，上载的过程就和复制、粘贴一样方便。更重要的是，P2 卡记录的音频、视频信号是以数字信号的形式，使新闻的网络化制作成为可能。

进入 21 世纪以来，我国省级电视台不同程度地实现了网络化。首先是非线性编辑系统联网，实现资源共享。一般都是新闻中心首先实现数字化，又由于新闻节目的时效性要求高并有独立的播出通道，所以新闻中心的节目制作和播出系统也首先实现网络化。节目制作网以非线性编辑系统为中心，播出网以硬盘自动播出系统为中心。新闻节目制作和播出连成一个网又称为新闻制播网。

所谓新闻的网络化制作和播出，是指新闻采访拍摄完毕之后的编辑、审片、串联单制作、字幕、播音员题词器文本、播出硬盘录像机上载、整栏目新闻的复制和重播等制作和播出过程全部联网，素材可以经过网络共享，新闻的制作、审查、串联和播出全部可以在网络中完成。这大大缩短了新闻制作和播出的时间，提高了新闻制作的效率，使新闻制作更加快捷。

在这个网络化制播系统中，无论需要多少服务器，各服务器均可选用硬盘阵列服务器。中心硬盘如同一个高速共享的素材库，根据各自的权限多个用户可以通过缓存器同时读取中心硬盘的素材。各种素材都预先存入中心硬盘中，不同的用户根据权限进行工作，记者进行编辑，主任进行审阅，编辑进行串联单的编辑，字幕员进行字幕的制作或播音员题词的制作。

二、P2 技术与新闻网络化制作和播出

(一)新闻网络化制作和播出的工作流程

新闻网络化制作参见图 9－2－1，工作流程如下：

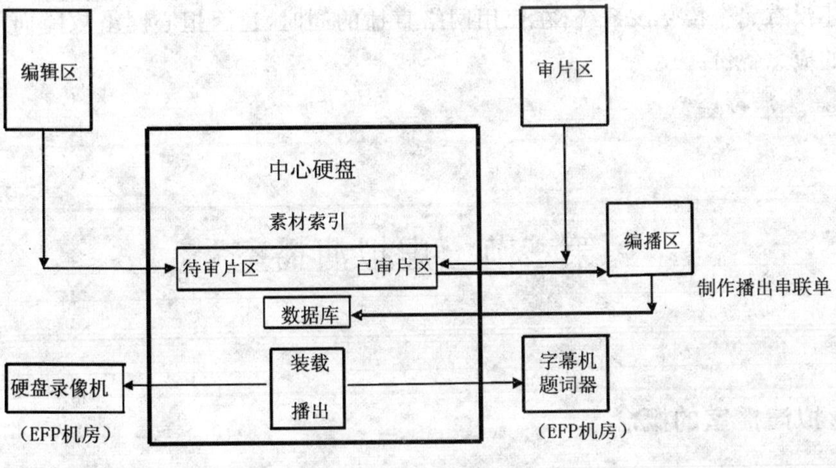

图 9－2－1

新闻采集→P2卡→P2读卡器上载到编辑区(也可以通过录像机的SDI接口上载,但上载时间就是1∶1)→在编辑区的非线性编辑线上进行初编(组合编辑)、精编(镜头修改、配音、上同期声字幕)→提交待审,上载到中心硬盘待审区,并进入索引备查(音视频文件、文本文件、标题字幕、题词器文本文件)→审片并加权→文件打包进入已审区→编播组根据索引文件确认已加权的新闻,进行播出串联单的制作→将要播出的新闻按照串联单的顺序进行装载(音视频文件用硬盘录像机装载,标题字幕用字幕机装载,播音员的口播导语用题词器装载)→播出。

从上述工作流程看,新闻的音视频、字幕、文字稿一旦进入制作和播出网络,就可以完成新闻的制作、审查、串联和播出全部程序,这大大提高了新闻的制作和播出效率,也减轻了从业人员的工作量。

播出的方式与传统的新闻直播方式相比较,基本不变:

片头(放像)→播音员口播(摄像机拍摄)→新闻短片(放像)→播音员口播(摄像机拍摄)→新闻短片(放像)……→播音员口播结束语(摄像机拍摄)→片尾字幕。

(二)新闻的网络化制作和播出的特点

新闻的网络化制作和播出的优点是:

(1)使制作和播出的周期缩短,上载时间从原来的1∶1,提高到3∶1,提高了新闻的时效性。

(2)因素材、文本文件可以共享,为新闻的多栏目、专题报道等深层次制作和播出提供了方便。

(3)减轻了新闻从业人员的工作强度,提高了效率。

当然,一个新生事物必然不成熟,存在着缺点:

(1)网络设计和维护复杂,成本较高。设计人员从播出的稳定性考虑,担心网络瘫痪,对防火墙和防病毒的因素考虑较多,因此系统复杂。

(2)与传统工作习惯有差别,从业人员要进行培训,并需一个磨合期熟练系统操作。目前工作人员还没有完全接受该系统,在使用网络直播的同时,还因担心网络故障而用传统方式进行设备的应急备份。

(3)会感染病毒。

第三节　虚拟演播室

一、虚拟演播室的概念

色键(Chroma Key)是切换台的功能之一,是指在切换台上用键信号(KEY)在摄像机拍摄的图像上将某一种颜色完全抠掉,填上另一图像作为背景的特技,也称抠像。多用于天气预报的播音员和天气卫星云图的抠像合成，也用于《西游记》一类神话电视剧中腾云驾雾等特技的拍摄。但是，一般都是在摄像机固定镜头的条件下拍摄，摄像机既不能做变焦拍摄，也不能做摇移等运动拍摄，因为背景不会随摄像机的运动而进行同步运动，不会跟随摄像机的变焦作同步的透视运动，这样就使色键的使用受到限制。虚拟演播室的出现解决了上述难题，确切地说，虚拟演播室应称为虚拟背景演播室。

虚拟背景演播室是电视技术与计算机技术、计算机模拟三维场景的结合。虚拟演播室中的摄像机上装有变焦传感器和三脚架运动传感器，能够采集摄像机的位置和透视等数据，对摄像机进行运动检测、跟踪和识别，将检测到的摄像机变焦、摇移、升降等动作数据经过传感器输入计算机，计算机经过计算和处理，控制虚拟背景发生器，根据演播室中三台摄像机的相对位置，计算虚拟背景的运动，使摄像机的拍摄运动与虚拟背景的运动保持同步（参见图 9－3－1）。

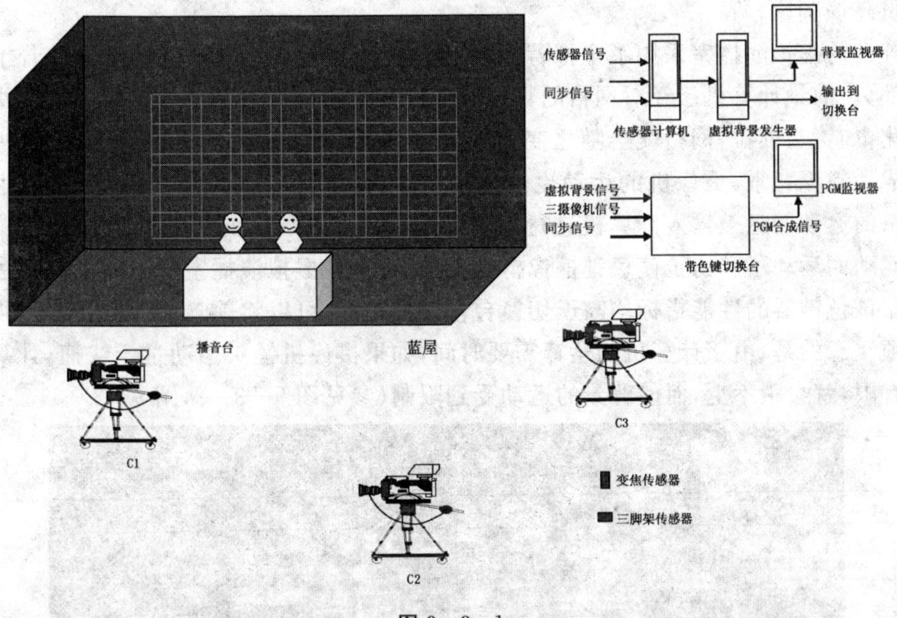

图 9－3－1

主持人或演员在“蓝屋”中解说或表演，摄像机的视频信号输入切换台，切换台使用色键功能，将“蓝屋”的蓝色抠去，再填上虚拟背景，合成后的 PGM 信号就完成了。这样摄像机镜头推向人物，虚拟背景也随镜头的推进而变大；镜头拉出，背景也随之变小。

如此，演播室就省去了制作实景或景片的工作，可以在虚拟背景发生器中制作或存储若干场景画面，需要时调出即可，十分方便。

二、虚拟演播室的 EFP 方式的直播运用

色键作为切换台的一种特技功能，一般在后期编辑中使用，很少作 EFP 的方式，尤其很少在直播中使用，因此早期的虚拟演播室中配置一台摄像机的居多，很少配置三台的。这除

了费用较高之外，主要还是出于后期编辑的原因。如今由于计算机技术和电视技术的飞跃发展，虚拟背景演播室也可将这一技术用于现场直播。

江苏电视台体育频道的一些赛事直播就使用了这一技术。这里说的赛事直播是指赛事信号由转播车或卫星信号送达虚拟演播室，比赛的经过由导播切出，球场休息时，导播切到虚拟演播室中的解说员的镜头。

解说员坐在画有网格的“蓝屋”中(“蓝屋”上的网格是为了给计算机提供数据计算的参照物)，背景由背景发生器产生；导播用切换台上的色键将解说员和虚拟背景合成的画面切出。直播解说员的画面时，1 号和 3 号摄像机打交叉分别拍摄两位解说员的中近景，2 号摄像机拍摄全景。2 号机作推拉时，背景可随之同步运动。1 号、3 号机的背景也符合两台摄像机的透视关系。

电视观众看到的画面上是两位解说员在背景前解说，但是实际上两位解说员确实是坐在“蓝屋”里高谈阔论。

江苏台的虚拟演播室采用了虚拟背景的“网格”计算方式。背景被网格分成若干份大小不同的部分，前景计算机已经对网格的数据事先进行了取样。网格的变化就演化成摄像机镜头的变化，如镜头推拉，网格就会随之变大、变小。摄像机拍摄的图像中的网格，经过背景计算机就成为虚拟背景，摄像机的运动也使网格产生运动，如摄像机推拉摇移，网格也随之运动。网格的运动信息被输入计算机进行计算，数据控制背景图像的运动，这样就使背景随着镜头的运动而运动了。为了使色键抠像抠得更加干净，该虚拟演播室特配制了一台色键器进行抠像。该色键器的性能指标均高于切换台色键的指标，可以将前景图像的边缘抠得十分干净。必须注意的是，由于计算机的运算需要时间，如果摄像机镜头运动过于快速，计算机的运算速度有限，就会跟不上，而使背景的运动受到限制(参见图 9-3-2，图 9-3-3)。

图 9-3-2

图 9-3-3

因为体育频道的赛事直播十分频繁，足球有“英超”、“德甲”、“意甲”、“西甲”、“中超”等等，篮球有“NBA”、“CBA”等，还有排球、网球等各种比赛，有时一天能直播几种不同的赛事，这样更换实景就成了一件麻烦事。有了虚拟演播室，就免去了频繁换实景的不便，更换虚拟背景只要在背景发生器中调出即可，大大缩短了换景的时间。

由于虚拟演播室更换背景方便，图像的总体效果较好，因此，一些原来对此不屑一顾的栏目或节目组也纷纷要求进入虚拟演播室进行节目的制作。

需要指出的是，抠像时，“蓝屋”的照明对抠像是否抠得干净十分关键，要求灯光均匀，而且“蓝屋”的背景上不能有阴影。摄像机的各种数据参数，特别是光圈也尽量要求一致，以使色键对三台摄像机抠出的效果一致。

第十章　EFP节目制作过程中的故障与失误分析

本章学习要点

- EFP系统应急方案
- 避免人为因素的失误

“智者千虑，必有一失”。EFP设备系统复杂，设计系统的工程师虽然考虑了应急措施，但也会有设备出现故障的时候。参加节目制作的工作人员众多，需严密配合协调。在节目制作过程中，尤其是在直播过程中，出现这样或那样的问题也在所难免。但是，电视媒体是大众媒体，为大众所关注，故障率是以帧、秒计算的，出现这样或那样的问题都是不小的问题，因此，在节目制作前要制订预案，防患于未然；在节目制作的过程中力求通力合作，不犯这样或那样的错误，力求保证设备的正常运行，顺利完成节目的制作；即使在节目制作过程中出现故障或失误，也应保持冷静，避免失误的扩大，尽量使节目顺利进行。

在上述各类节目制作的叙述中，笔者已联系各类节目的特点，列举了一些故障和失误的实例，在此作进一步的强调。

必须说明一点，在EFP系统中工作的每一个工作人员主观上都不愿看到自己或他人出现失误或过失，都不愿看到直播出现这样或那样的问题，但是由于系统的复杂和参加制作或演出的人物众多，各种偶然性问题和突发事件是不以人的意志为转移的，因此对可能或曾经发生的故障和失误进行分析，找出原因，力争以后不犯或少犯，才是本章的真意。

EFP现场制作过程中常见的故障与失误可分为两大类，与导播有较为密切关系的有：系统设备的故障；人为因素的失误。

第一节　系统设备的故障

常见的设备故障，视频系统有摄像机、切换台等故障，音频系统有扩声、话筒等故障。与导播最为密切的是切换台，一是因为切换台是导播进行编辑工作的工具，二是因为EFP视频系统中摄像机的数量较多，一台故障还有其他的可以替换，而切换台就只有一台。

一、切换台故障

视频系统设计时考虑到了切换台出现故障的可能性，在系统中设计了应急的切换开关（即应急切换矩阵），以便在切换台出现故障时，使用应急开关。导播在发现问题后，必须：

（1）立即通知视频工程师检查并确认切换台故障，并迅速通告导播。

（2）如确认为切换台故障，导播指令视频工程师操作切换台与应急开关的转换开关，将应急开关从预热备份状态变为工作状态，还要将播出指示转换为应急状态。需要注意的是，上述两项工作都是视频工程师的职责，导播行使的是督促视频工程师的权利，而不可越俎代庖。

（3）视频工程师将故障的切换台转换为应急开关后，导播才可以操作应急开关，进行节目的切换。这时字幕的混合，要经混合器叠加在图像上，而不是经过切换台的下游键。

（4）以上应急操作的前提是，在直播或录播前，导播必须督促视频工程师检查并确认应急开关、字幕混合器是否正常。作为一个成熟的工程师，即使没有导播的督促也应做好上述工作，因为这是工程师的职责。

二、摄像机故障

（1）摄像机出现画面拉道、无图像输出等较为严重的故障时，导播应立即通知视频工程师处理，并调度现场的其他摄像师，提供合适的镜头，以取代故障的摄像机，保证节目的继续播出。

（2）摄像机出现小故障，如通话耳机只能接听，不能通话，没有返送信号等不严重影响摄像师工作的故障时，在督促视频工程师检查摄像机的同时，要求摄像师继续工作，保证节目的继续。工程师暂时不能解决问题，则继续节目的制作，待制作完成后再行解决。

（3）上述操作的前提是，在直播或录播前，导播应督促摄像师和视频工程师检查、确认摄像机状态，不应等到直播开始后发现问题才来解决。

（4）游动摄像机或斯坦尼康摄像机在拍摄时，应安排摄像助理跟随摄像师拖电缆，以防止摄像机在移动时摄像机电缆被拉断或与摄像机断开，从而影响直播。

三、其他部门设备故障

其他部门指的是音频、灯光等部门。出现故障时，导播应充分信任各部门的工作人员的素质和责任心。谁都不想出问题，尤其是在直播中。出现问题后，各部门的工作人员是非常紧张的，迅速反应并检查设备自不用说，这时就不应去催促他们，更不应该责怪他们。导播正确的做法是继续做好自己的工作，由助理去和出现故障的部门协商，尽快找出解决的应急方案。

另外，必须时刻告诫参与节目的所有工作人员，必须保持一个随时“补台”、“救场”的责任心，当出现设备故障时，每一个工作人员都有“救场”的责任。

有一次在综艺节目“震撼一条龙”直播时，一位歌手在唱完之后接受主持人采访时，突然话筒不响了，这时主持人没有慌乱，而是调侃道："你唱得太好了，连话筒也听傻了，不出声儿了。"说完就递上自己手中的话筒，让歌手说想说的话。这样，歌手也放松了紧张情绪，观众也一乐，一个失误就这样掩饰过去。歌手下台来后检查发现是无线话筒的电池没电了。

电视 EFP 系统设备的故障率有一定的规律，一般来说，省级电视台的 EFP 系统的更换周期为 6～8 年。在设备使用初期有一个故障率较高的期间，过了这一时期，到设备使用寿命中期，工作的故障率较低，到后期故障率又会增高，因此把握设备的使用周期是判断故障率的参考。

第二节 人为因素的失误

人为因素的失误包括因个人的、各部门之间的配合的失误。

一、个人的知识性失误

电视节目制作的广泛性要求导播和节目的主创人员应具有较高的知识水平，即便是制作不熟悉的节目，在制作前也应进行知识补习，或请专家顾问作为知识后盾，这样可以尽量避免在节目中出现明显的知识性错误。如前面提到的专题片《铁的新四军》中缺失皖南事变三烈士墓的镜头、八一晚会上的军旗缺失五角星图案等失误，都属于此类，因此提高节目制作人员的知识水平格外重要。

二、个人工作细致程度的失误

由于工作人员的工作不够仔细而造成的失误，也是应该尽量避免的。

1995 年 9 月全运会开幕式彩排时，因导播没有仔细研究演员的上下场门，将一个摄像机机位放置在群众演员的下场门通道上，被蜂拥而来的群众演员推倒，摄像机镜头和 CCD、三脚架全部毁坏。

2005 年十运会开幕式彩排时，摄像师误将镜头对着演出场景中的激光源，将一台刚刚进口的摄像机 CCD 全部烧坏。

2009 年 4 月 16 日的"南京零距离"，一条新闻报道了南京大屠杀的幸存者夏淑琴胜诉的消息后，指出："现在南京大屠杀的幸存者只有 400 余人，其中最小的为 69 岁。"这一则背景资料的确很必要，但问题是出现了"69 岁"这一明显错误。南京大屠杀发生于 1937 年年底，至今(2009 年)已 72 年之久，最小的幸存者肯定不会"69 岁"。这一失误可能是误将三年前或更早以前的资料信手拈来，没有做细致地审查就使用了的原因。保持细致、严谨的工作态度，是每一个节目参与人员应有的意识——要知道一个小小的失误，就会给电视人带来负面的影响。

三、主持人口误

由于一些大型节目需要走台、彩排，最后进入直播，流程过于漫长和紧张，一些主持人会因过度劳累和紧张而出现口误的现象。2009年春节晚会董卿搞混马季和马东，观众给予了极大的理解和宽容，但无论如何都属于失误。例如，1991年7月直播的江苏省抗洪救灾晚会上，主持人给江苏著名锡剧演员报幕时，出现了非常严重的口误，而自己却在全不知情中走下舞台，这时，这位著名的锡剧演员上台后，十分镇定，纠正道："我演唱的曲目是……"很主动地纠正了错误。这类现象可能与紧张的工作环境有关系，因此，营造一个宽松的工作氛围，也是导播必须注意的问题之一。

四、工作人员配合之间的失误

直播中容易出现配合失误的主要是在导播和放像编辑、字幕员等工作人员之间，这在第三章第三节中有详细的叙述，这里要强调的是：

(1)一旦出现配合上的失误，千万不要在现场相互指责，而是要尽力将直播进行完毕后，再查找事故的原因。因为出了事，大家的心情肯定不好，再互相责怪就很容易使原来的事故扩大，酿成更大的事故。

(2)用好各种通信手段加强联系，相互提醒。放像前导播提示放像编辑，放像编辑提示导播哪一台放机放像，放像即将完毕时放像编辑以倒计时提示导播，方便导播在完毕时切换；提示语言清晰、准确，不含糊，但也不要咋呼。工作中互相协作、互相支持、互相为协作方考虑，是不出或少出类似失误的关键。

为避免出现人为因素的失误，导播作为一个节目的领军人物，应该做到：

①准确判断、确认故障或失误的原因，迅速做出反应。

这一点似乎较难做到，有些导播由于情绪过于紧张，也会将正常播出看成事故。2008年10月在一次"震撼一条龙"的直播中，歌手在演唱韦唯的《爱的奉献》时，字幕员打出字幕"再没有心的沙漠，再没有爱的荒原"，导播认为字幕出现错误，"再"字错了，应为"在"，并大声喊了出口，字幕员也慌了神，不知怎么办。这里实质上是导播理解错误，联系歌词的上下文，"再没有"是"再也没有"的意思，字幕员没错，不必作任何改动。即使是字幕员打字错了，也不必作改动，因为已经播出，改动字幕可能会造成下面出错，而应该等直播完毕后再改。

(2)细致做好准备工作，吸取经验，预先设想可能发生的问题，制定预案或应急方案，有备无患，不致在事发时手足无措，如细化串联单内容、插播片的结尾做静帧，等等。

(3)对于一些确实不可预测的、偶然的突发事件，导播应有一定的思想准备，保持冷静的头脑，沉着、理智、灵活、冷静地处理。

(4)在工作场所营造一种宽松的工作氛围，不要使工作人员的情绪过于紧张。即便是出现了失误，也应保持冷静，切忌大呼小叫。

(5)出了事故，应客观分析事故产生的原因，客观分析事故的责任，找出防止再犯的方法，不应责怪同事，更不能诿过于人。

记述电视 EFP 制作过程中的故障和失误，分析其现象和原因，归根结底是为了更好地进行工作，以后不犯或少犯这样或那样的错误。只要按照直播流程，仔细做好直播前的每一项准备工作，即便是设备出现故障，只要不是人为因素，就不会有太大的问题。因此，保持冷静的头脑，细致的工作作风，调动全体工作人员的积极性，就能保证直播的安全。

一个优秀的 EFP 制作团队是经过多次合作的磨炼而形成的，导播理应成为这一团队的领头人。

思考题：

直播时应如何处理好播出安全和艺术效果之间的关系？

附录 1:漫话演播室 EFP 视频系统读图

走进今天的电视演播室导演控制机房,人们一定会被色彩鲜艳的监视器、明亮闪烁的控制灯、五花八门的控制按钮和推拉杆所吸引,为电视幕后的神奇景象而激动不已,很少有人会注意到在机架附近会有一张标有各种符号、线条交错的工程制图,这就是电视工程技术人员须臾不可离的 EFP 视频系统图。

一、读图目的

图纸是人们思想交流的一种方式和工具,是语言交流的一种重要补充,有时甚至超过语言所能表达的内容,具有不可替代的作用。对于电视工程技术人员来说,EFP 视频系统图具有如下的含意:

(1)演播室 EFP 视频系统的设计思想,其中包括对系统设计要求、设备档次等级、制作用途等方面的思考。今天的电视节目制作已经越过模拟分量信号系统,跨入数字信号系统,对数字信号的选择也已见成熟。但是播出要求模拟复合信号,这样播出和制作要求的差异给 EFP 系统带来模拟信号和数字信号兼备的要求,必然使 EFP 系统复杂化,这也是让人眼花缭乱的原因之一。

(2)摄录设备档次等级和数量的配备,其中包括摄像机、切换台、录像机以及信号分配和监测设备。这些设备的技术性能和指标,既代表了整个 EFP 系统的性能和指标,代表了该系统制作节目的技术质量,也决定了该系统的投资数额。当然,摄录设备的性能和价格一直困扰电视工程决策人员,想“马儿跑,又不吃草”是不可能的,因此设备的选型和搭配也能显示出 EFP 系统设计和决策人员的水平和素养。

(3)系统的使用特性和维护特性。系统设计是否合理,通过读图即可知晓。作为系统设计者应考虑某些设备出现故障,而整个系统不停止工作的安全特性,以及出现故障尽快排除的预先考虑。既发挥设备的功能和特性,又便于操作和维护,这在系统图中应有必要的设想和反映。

EFP 系统图把设计人员的思想和表述告之系统的安装和操作人员,在系统安装过程中,是安装技术人员的工作依据;在节目制作过程中,是操作技术人员调试设备的技术参考;在系统出现故障时,是技术人员“按图索骥”,查找故障设备和故障点的技术指南。

二、读图方法

一张让人眼花缭乱的 EFP 系统图,难免会让人不知从何下手,读图的窍门就是“化繁为简”。下面就让我们对江苏电视台 600 平方米 EFP 数字视频系统图作一说明(参见图 1)。

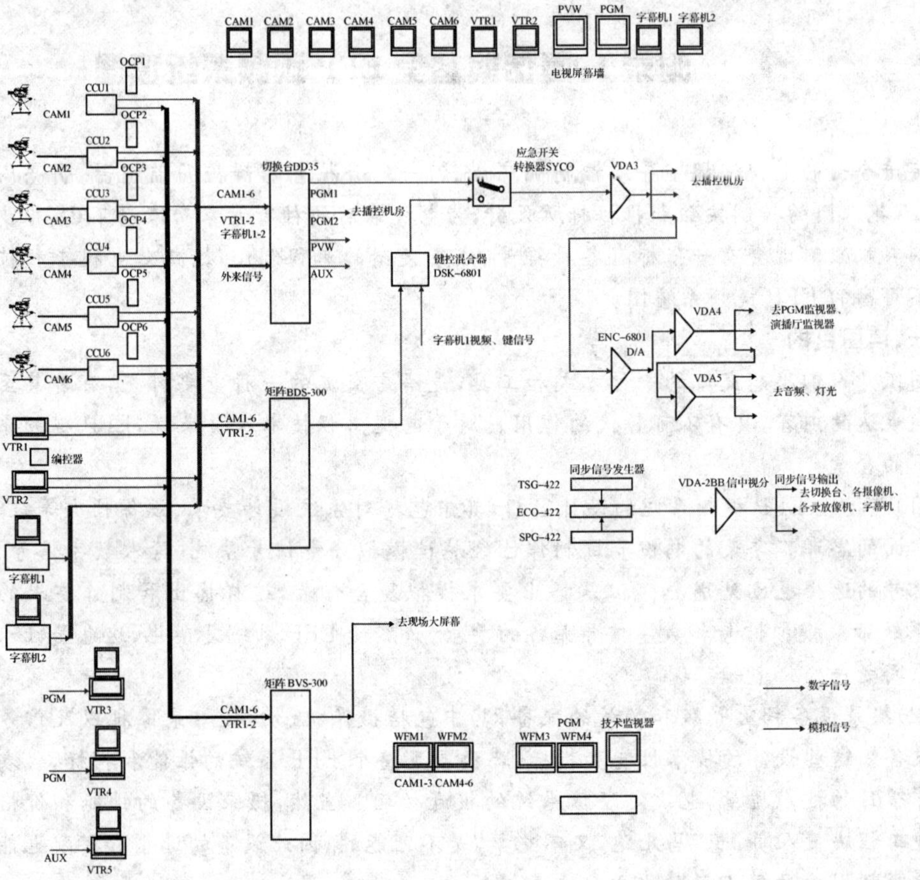

图 1

该 EFP 系统是制作电视大型综艺节目的系统，阅读该图的时候可以把整个系统图分成若干小块，分别阅读，然后再注意各块之间的联系，综合阅读，这样读图方能收到事半功倍的效果。一般说来，我们把整个系统分为信号源、信号编辑和分配系统、信号监测系统、同步系统和记录设备五块，分别表述如下。

1. 信号源

摄像机为 6 台，从图中可看出自 CAM1 至 CAM6，包括 CCU（摄像机控制单元）和 OCP（操作控制面板）各 6 台。由于节目制作的要求，选择 12b 计数字量化，24b 计精度数字信号处理的摄像机，由 CCU 输出 SDI（数字分量串行信号）信号，输入切换台。

放像机为 2 台，图中所标 VTR1 和 VTR2，选择 DVCPRO50 数字分量放像机，输出 SDI 信号输入切换台，并由一台控制器实现两台放像机的控制。

字幕机为 2 台，图中所标 CG1 和 CG2，两台字幕机的 SDI(FILL)信号和键信号分别经由视频分配器 VDA1 至 VDA4 输出，输入切换台的两个下游键，这样可实现双字幕的叠加和混合操作。数字动画特技 DVE 一台，输出 SDI 和键信号输入切换台。

外来信号为6路,图中所标EXT1至EXT4,以及两个外接口板的模拟复合信号,这些接口可将来自播控中心和转播车的模拟复合信号通过A/D转换成SDI信号,输入切换台,参加节目的编辑。

信号源作为电视节目的信号来源,其技术质量几乎可以决定电视节目的最后成片的技术质量。因此摄录机、放像机和字幕机的技术指标应根据节目制作的要求有相应的精度等级。

2. 信号编辑和分配系统

这一部分是EFP——电子现场制作的关键设备,由切换台、视频信号矩阵、A/D、D/A转换器和一系列的视频信号放大和分配器组成。

切换台是一个32路数字分量串行信号切换台,可对信号进行二级以上混合和特技处理,两个以上下游键(DSK),均有两个全功能高质量的数字键,具有动态色键功能,可制作多种多样的复合效果和键效果。

由于模拟复合信号(供播出用)和数字分量串行信号(供数字录像机记录)的兼备,视频信号矩阵也必备两台,一台用于处理模拟复合信号(图1中所标BVS-300),一台用于处理分量数字串行信号(图中所标BDS-300)。

有必要指出的是,在考虑系统安全播出方面,工程技术人员的确是煞费苦心。一般来说,在直播或节目录制过程中,不用担心摄像机出现故障,因为摄像机有多台,但万一切换台出现故障,整个系统将全部瘫痪,造成停播的大事故,因此在系统设计时就必需预留应急方案。图中矩阵BDS-300和混合器DSK-6801组成应急开关组合。正常工作时转换开关SYCO置于切换台输出信号传输位置,矩阵BDS-300和混合器DSK-6801处于加电热备份状态。万一切换台出现故障,将转换开关SYCO转换至应急输出信号传输位置,导演可用BDS-300进行切换,图像信号和字幕信号在DSK-6801中叠加混合,经SYCO输出,这样主备输出信号之间的转换,就不至出现停播的大事故(参见图2)。

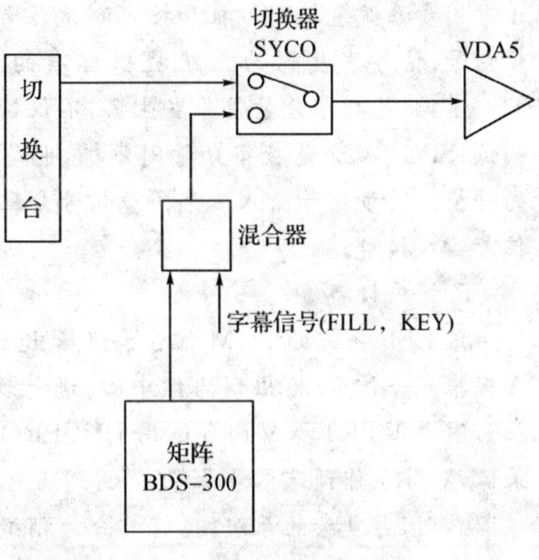

图2　应急方案示意图

EFP系统图中VDA4和VDA5是PGM(节目)视频信号分配器,它们之间的ENC-6801是D/A转换器。SDI的PGM信号经D/A转换成模拟复合信号,送播控中心,并经VDA4输出给演播室灯光、音响等各职能部门使用。

A/D,D/A转换器和视频信号分配器与切换台和矩阵相比,当属周边设备,但是对信号的技术质量和传输有着举足轻重的作用,因此这些设备的精度也应与切换台相当。

3. 信号监测系统

信号监测系统是将电视信号量化和形象化的重要设备,信号再好,看不见就不好。监测系统一般由两种设备组成,一是信号波形和矢量监视器,这是工程技术人员监测视频信号"数量"的眼睛。所谓视频信号"数量"是指信号波形底部到峰顶的幅值,习惯上用"峰—峰"值表示,标准是1V。这是将视频信号"数量"化的设备,对节目的技术质量有重大决定作用,是调整整个EFP系统的重要依据,也是在节目制作过程中调整摄像机的重要依据。另一设备就是彩色监视器,显示摄像机和放像机输出的直观图像,是工程技术人员调整摄像机图像色彩、亮度、清晰度的依据,也是摄像师选择构图、聚焦以及切换导演选择图像画面的依据。

波形和矢量监视器在图中所标为WFM1至WFM4,WFM1至WFM3是模拟复合信号示波器,输入为4路,可同时观测信号的波形和矢量。WFM4是数字分量串行信号波形监视器,输入为2路,一般用于PGM(节目)信号的监测。

彩色监视器就多了,从MON1至MON33,其中MON19是数字和模拟两用监视器,作为PGM(节目)信号的技术监视;MON20是切换导演用PGM信号监视器,输入信号为模拟分量信号;MON14为模拟复合和分量信号两用监视器,是混合/特技(M/E)信号和PVW(预监)信号的监视器;其余为摄像机、放像机、录像机和字幕机等设备各自的监视器。

4. 同步系统

同步系统包括同步机和技术测试信号发生器。同步机为整个系统中的所有设备提供同步信号;信号发生器为系统提供标准的电视技术测试信号,供调整系统使用。图中所标TSG-422是数字分量信号发生器,不仅输出同步信号,而且输出测试信号,供切换台作标准测试;SPG-422是数字分量同步机,也是备份同步机,由ECO-422进行主备同步信号之间的转换。同步信号输入三个同步信号分配器(VDA1至VDA3),分别输入各电视设备的同步信号输入接口。

5. 记录设备

该EFP系统的PGM信号最终输出传输方向有二:一是经D/A转换器将SDI信号转换成模拟复合信号,输出到播控中心,进行现场直播;二是直接将SDI信号送入录像机进行记录。图中VTR3和VTR5选用DVCPRO 50数字分量录像机,VTR3和VTR4作PGM信号录像,VTR5作预选信号录像。

总之,再复杂的系统图,将其分为稍微简单的部分,阅读起来就轻松一点,容易一点了。

三、走图

所谓走图也是读图的方法之一,不过是将以上我们分切的块,用信号的流程走一遍,将切开的单元再用信号线联系起来。

图例告诉我们模拟复合、模拟分量和数字分量信号的标注方法,为读图提供了方便,但是却不能按信号的性质独立进行走图流程,而应把系统流程分为PGM信号流程(又称主信号流程)、监测信号流程和同步信号流程三部分。

1. PGM信号流程

这一流程以数字分量串行信号为主。信号源输出的SDI信号分别输入切换台和BDS-300矩阵,经过切换导演的选择和处理后的PGM信号经转换开关SYCO、数字视分VDA5,

分别送播控中心、录像机。至此,PGM的SDI信号作为主信号流程可告结束,但播出的信号是模拟复合信号,因此还要将PGM的SDI信号经D/A转换器,转换成模拟复合信号,一路送播控中心播出,其余经模拟复合视分VDA4分配,送演播室各工作部门监看,或送各接口板备用;另一路PGM信号由BDS-300矩阵产生,这一信号与切换台产生的信号性质相同,同为SDI信号,经BSK-6801混合器叠加字幕后,送转换开关SYCO,作为切换台PGM信号的备份信号,以供应急之用。

2.监测信号流程

监测信号流程较大,因为现在节目制作过程中需要监看的地方较多,又较分散,加之近年来电视大屏幕走上舞台,图像信号成为舞台美术的一部分,又配之以各种要求,在节目人员心目中,大屏幕显示图像的重要性已超过节目信号的技术监测,因此增多了监测信号的流程。

(1)技术监测。

由摄像机输出的模拟复合信号直接送波形监视器WFM1和WFM2以及电视墙上的监视器。切换台输出的PGM(模拟复合)信号送WFM3,数字SDI信号(PGM)经矩阵BDS-300输入WFM4,图像由MON19数字口接入监看。技术监测是保证图像技术质量的重要手段,也是保证节目制作正常工作的重要手段,更是检查排除故障的重要手段。

(2)PGM监看。

由切换台输出的PGM信号(SDI),一路经D/A转换器DSCE转换成模拟分量信号,输入MON20分量接口。另一路经D/A转换器ENC-6801转换成模拟复合信号,输入MON20复合接口。

(3)PVW(预监)监看。

预监由切换台输出PVW(预监)信号(SDI),经D/A转换器DSCE转换成分量信号,输入MON14分量接口。

(4)演播工作现场监看。

这一部分包括演播室节目制作的各部门,如灯光控制室、音响控制室、演员候场室、现场大屏幕、现场导演和舞台监督等演职员所使用的监视器,这些信号基本上是通过模拟复合信号矩阵BVS-300输出,各使用单位的监视器输入监看。

3.同步信号流程

这一流程表述基本上就等同于前述同步系统的表述,这里不再赘述。

一般EFP系统图都有简要的文字说明,诸如图例的说明、线号或字母的说明,等等,以供工程技术人员查询线路的走向,在系统出现故障时,为分析判断线路故障,迅速排除故障提供方便。

走图到此还未结束,还有一个重要环节,即对照图纸,将图上的各种设备对号入座,在机房内实地走一遍。这一走就把"纸上谈兵"变成"沙场点兵",把图上作业变成实地演练,把系统图与真真实实的EFP系统联系起来。

通过读图,熟悉系统信号流程,熟悉各摄录设备的功能特性,优化节目技术质量,是电视工程技术人员的基本功。

附录2:综艺节目制作中光圈和黑电平调整经验谈

EFP制作过程中的光圈、黑电平调整是最常用,也是最简单不过的正常调整。但是随着综艺节目追求眼花缭乱的舞台和灯光效果,大量追光灯、电脑灯和烟雾、冷焰火的应用,使光圈和黑电平的调整难度大幅度增加,使导播等节目制作人员对该项目实施调整的工程技术人员提出更高的要求。导播切换讯道频率的加快,也对快速准确调整光圈和黑电平提出了更高的要求,加上导播等节目制作人员要求提高画面的亮度,使视频工程师处于坚持标准视频信号幅度和满足导播关于提高亮度要求的两难之中。为总结经验,提高工作效率,确保节目的技术和艺术质量,笔者特将自己多年之经验写出,以供参考。

1.坚持使用手动光圈

综艺类节目照明用光的光比很大,背景炫耀,加上追光灯的使用,使视频信号反差增大,再加上主持人和演员多喜着装黑白等反差大的演出服装,还要加上男女主持人和演员肤色的差别,自动光圈应付不了这种复杂的光比状态,因此,手动光圈是首选,也是绝选。

2.视频信号的电平调整

视频信号的标准是0.7V,点状高光点可达到0.8V~0.85V,黄色被摄物的电平可能还要高,白色被摄物到0.7V就开始限幅,开始失去层次感,这时视频工程师对摄像机的调整一般都会使用自动拐点来控制白色的层次。黑电平标准是0V~0.05V,画面黑色物体多就调得高些,黑色少就调得低些,白色物体多就调低些。如有色光或带有颜色的杂散光,黑电平还会有变,如蓝色光就会使电平掉到消隐以下,这时就应准确判断黑电平的位置。

光圈和黑电平的控制应监测经示波器显示波形的视频信号,而不应是亮度信号。因为光圈和黑电平所控制的是彩色信号,而不只是亮度信号。而且视频信号中许多色度信号,如黄色部分,亮度信号是不能反映的,这样就不能如实地表示视频信号的真实幅度。虽然亮度信号远比视频信号看起来容易得多,清晰得多,但是没有了负载波的润色,就不能反映视频信号的真实幅度和黑电平。再说,难度大正为我们提高技术水平留下可持续发展的空间,何不知难而进!

3.多台摄像机的操作

一般一位视频工程师可以控制3台摄像机CCU的OCP(摄像机控制器操作面板)。凡人只有双手,频繁准确地调整总希望每个OCP的手柄都有一只控制的手,如何协调?相对而言,3台摄像机中总有1台的光圈和黑电平变化较小,调整量的变化也较小,如拍摄全景的摄像机,因此可以先调好这台机器,而后将双手置于另外两台摄像机OCP的调整手柄上,跟踪调整,而置变化小的摄像机之OCP手柄于不顾,这样就不至于调整时手忙脚乱。也有特例,2007年6月江苏电视台配置了一套EFP飞行箱系统,该系统的OCP是4台为一个单元,用以直播2007年的“绝对唱响”,难度很大,一位工程师要控制4台OCP就难上加难了。因此手位就成为关键,每只手应控制两台OCP的手柄,才能应付及时准确地调整光圈和黑电平。

4.调整次序

当一台摄像机的光圈和黑电平需要同时调整时，如果你置于手柄上的手位正确，技术娴熟，当然可以同时调整；如果你达不到上述水平，那么就应先调整光圈，再调整黑电平。原因是，人们对光照的强弱，也就是对图像的明暗变化的敏感程度要超过对黑电平变化的敏感程度。因此先调最敏感的，再调次敏感的。

5.正确的手位

正确操控光圈和黑电平手柄的手位，是快速、准确调整这两个项目的关键。一般以拇指和中指控制黑电平的调整环，食指置于手柄端部，调整时用拇指和中指转动黑电平调整环，以调整黑电平；用食指和整只手的力量带动OCP手柄，或推或拉，以调整光圈。还必须协调左右两只手转动黑电平调整环的旋转方向，以确认黑电平的上下与调整环的顺、逆时针方向的关系，使调整准确到位。

如果是一只手控制2台OCP的手柄（如上述一人控制4台OCP手柄），手位就显得更重要，以1、2、3、4（从左往右）讯道为例：

以左手手腕作为支撑，食指和大拇指置于OCP2的手柄上，中指和无名指支撑在面板上，以无名指指腹和小指控制OCP1的手柄。光圈的控制由食指和小指操作，黑电平的控制由大拇指控制，注意转动黑电平旋钮时，其他手指应保持手柄不要移动，并协助大拇指完成黑电平旋钮的转动。

右手同左手，右手腕支撑在OCP台面上，食指和大拇指置于OCP3的手柄上，中指和无名指作为辅助支撑，无名指指腹和小指控制OCP4的手柄，控制要领同上。需要注意的是，操作时用力要平稳、均匀，眼睛要注意示波器和监视器，不要误操作。

6.“四快一慢”调整法

这是光圈与黑电平的调整方法，详述如下：

(1)两眼扫描监视器和示波器要快，这一快是我们快速调整的基础。光圈和黑电平的调整应把对监视器和示波器的观察结合起来看，看图像中有无黑色物体以及其位置，以此来判断对黑电平的调整；看图像中人物肤色的光线是否足够（可将着装的光线置于不顾），来判断对光圈的调整。

(2)眼手的协调配合要快，这一快是实施该两项目调整的完成。尽量在观察的同时就操控手柄，完成调整过程。

(3)推拉手柄快，这一快是实现光圈的调整快。要熟悉手柄推拉幅度与光圈变化量之间的关系，以便调整光圈一步到位，不因回头重复调整而误时误事。

(4)转动黑电平调整旋钮快，这一快可实现黑电平调整快。要熟悉黑电平的上调是旋钮的顺时针方向转动，下调是旋钮的逆时针方向转动。熟悉的程度要使左右手都能相互协调、准确到位，尽量避免重复调整。

(5)“一慢”是指当导播正在使用的摄像机需要调整光圈时，这时电视观众已经看到图像画面的明暗不足，你在调光圈的时候就应该慢而稳地调整，使画面慢慢地达到正常。而不是快速地推拉OCP手柄，因为快速变换光圈会使人对画面的明暗变化敏感，慢速地变换光圈可使这种敏感程度降低。这一慢也要视情形而定，如果导播切换的频率较快，切出的镜头需要调整，那就应快速调整。

要做到“四快一慢”，视频工程师应高度集中注意力，不被节目内容或其他非工作因素所干扰，时刻注意摄像机参数的变化。

7.“以不变应万变”

综艺节目电脑灯使用量大，使进入镜头的杂散光大幅度增加，增加的光柱效果的舞台烟雾，增大了杂散光弥漫的程度，这都使黑电平的调整难度增大。当电脑灯闪烁时，黑电平也上下波动，这时你只要将黑电平置于一个适中位置即可，而不必随电脑灯的闪烁频繁调整黑电平。关键是这个“适中”黑电平位置的选择，其实也很简单，只要记住摄像机原始状态下的黑电平位置(即黑电平数据——有的摄像机 OCP 没有)即可。对于一些点状杂散光的黑电平调整，只要不致引起大幅度的黑电平提升也可以“以不变应万变”。

光圈调整也是如此。舞台上追光灯左右摇动时，你可将光圈置于一个适中位置，而置追光灯于不顾，可能追光扫到的地方会使视频信号限幅，但这只是很短暂的时间，关键是这个“适中”的光圈，即以看清图像暗部物体或人物而不使视频信号大面积超幅为准。这就是“不变”的调整方法。

8.注意各种颜色光线在示波器波形图上的位置

如蓝光和红光就在消隐线以下(彩条红、蓝色条幅度为－0.2V，示波器刻度大约两格，但是红光和蓝光饱和度低于彩条，幅度也小于彩条，约为－0.1V 左右)，注意舞台上红、蓝色光线尤其是红、蓝色杂散光对黑电平的影响，以便正确、快速确认黑电平的位置。

9.摄像机镜头打倍率镜时的光圈调整

镜头使用倍率镜会使进入镜头的光线减少，因此打倍率镜时需要增大光圈，一般来说打×2 倍的倍率镜时，光圈要增大 1 档。当然，这是指光圈尚有上调的空间，如上调空间有限，则视频幅度就会偏低，但是也不主张使用增益，因为这会使杂波增大，此时最好请灯光师适当加光。去掉倍率镜恢复正常时，光圈还要调回来，否则视频幅度有超幅的可能，使图像出现“开花”现象。有的摄像机使用座机大镜头，附带倍率自动增加光圈的功能(如富士 DIGI－20 镜头变焦倍数 20，最小焦距 8 毫米)，不论光圈处于自动或手动状态，只要打倍率镜，镜头就可以自动增大光圈(一般为 2 档)，这就减轻了视频工程师调光圈的工作强度。

10.辩证地看待导播快节奏切换对光圈和黑电平调整的难度

导播切换速度的加快确实加大了对光圈和黑电平调整的难度，要求每台摄像机在任何时间内都保证最佳状态，等待导播的随时切换，这是此两项目调整的一难。舞台光比大、杂散光大，镜头运动快、幅度大这是调整的第二难。但也要看到，导播不可能同时切换 6 台摄像机，总有时间差，只有利用好时间差才可以调整好这两个项目。导播切换速度快，相对来说每一台摄像机被切到的时间短，光圈和黑电平的小瑕疵也不易被发现，因此调整时不要慌乱，要冷静，只要不出较大的光圈超幅和黑电平过调等毛病，就可稳重调整，切忌手忙脚乱。

11.坚持原则，灵活有度

一般导播都会要求图像画面亮一点，作为视频工程师也都会满足他们的要求。只要人物肤色不出现大面积“开花”现象，可以置某些高光点小面积“开花”于不顾，这时的视频幅度一般可达0.8V左右。有时因为种种原因，导播还要求提光圈，如人物背景暗，或者整个画面背景暗，人物已达到或接近过调的情况，这时只有置导播意见于不顾。

12.经常与系统各部门交流沟通

常与节目部门及灯光师交流，晓之以电视画面为主、舞台效果为辅的道理，动之以共同建设美好荧屏之情，要求减少杂散光，提高面光，合理使用追光灯(如单个追光灯照度不超过1 700lux，或追光强度小于等于面光，几个追光灯不要同时打在一个点上)，减少或取消放烟等，这样不仅可以使电视画面色彩鲜艳、层次丰富、图像更透，而且可以大大减轻视频工程师调整光圈和黑电平的工作强度。

上述难免挂一漏万，敬请同仁指正。

《电视现场制作与导播》实验指导书

一、实验概述

《电视现场制作与导播》是一门实践性很强的科目，又处于电视编导专业的最后阶段，是综合考察其他科目所学知识的关键。EFP 系统是一个电视台技术水平和人员综合素质的评判标准，系统中各种电视设备的综合使用，各工种的互相配合协调，非经多次训练与磨合不能做到，也是使同学们了解电视现场制作的团队性特征的关键。EFP 系统中制作设备多，并具有较高的技术性和灵活多变的艺术性，不经多次训练不可能将电视技术和艺术结合得惟妙惟肖，因此，实验的重要性不言自明。

1. 实验主要内容

学会使用 EFP 系统进行电视节目的现场制作，领会 EFP 系统中不同分工岗位的职责，以及相互时间的配合和协调，以增强团队精神。

2. 实验目的

运用课堂上所学的理论知识，结合 EFP 系统中各岗位的工作性质，进行实践操作演练，以完成各种不同形式的现场制作任务。

3. 学生实验前应具备的基本技能和理论知识

学生应学习并掌握有关电视节目制作技术的理论知识，能够了解摄像机、录放像机、特技切换台等设备的操作要领，以便在老师的指导下，对理论知识进行实践和消化，使理论和实践很好地结合起来。在基本技能上要求学生必须在实验老师的指导下，能正确地、安全地使用摄像机、录放像机、切换台等设备。

4. 实验组织

根据每次实验的具体要求，可将学生分为若干小组，5～6 人一组，可视 EFP 系统分工岗位的情况进行分配。例如可分为：导播 1～2 人，摄像师 3～4 人，录放像编辑 1～2 人。

5. 对实验的考核

必须完成每次实验的作业，对现场制作情况、论文、导播方案、制作样片等项目进行综合评判。

6. 实验设备

演播厅电视现场制作 3 讯道 EFP 系统。

(1)EFP 摄像机 3 套:摄像机(含机头、寻像器、镜头、三脚架、滚轮、镜头伺服系统、通话耳机)3 台。

(2)切换台 1 台:4 路信号源输入,可作 MIX、WIPE 切换,最好带有播出指示。

(3)彩色监视器 6 台:3 台用于监视摄像机信号、1 台 PGM、1 台 PVW、1 台用于现场。

(4)录像机、放像机各 1 台。

(5)通话系统 1 套。

(6)音频系统 1 套:8 路调音台 1 台、话筒、耳机。

(7)照明系统。

二、具体实验内容

实验一:3 讯道 EFP 系统的参观和操作训练

1. 实验时间

约为第 3 周,时间 3 课时。

2. 目的

结合课堂讲解的有关知识,参观并了解演播厅 EFP 系统各类设备连接、操作步骤,为上机操作做准备。

3. 实验内容

(1)读图:3 讯道 EFP 系统各部分的连接,明确信号走向。

(2)对照系统图 3 讯道 EFP 系统各部分设备,注意各部分的连接电缆。

(3)讲解摄像机操作要领和注意事项,指导学生分组训练摄像机操作。

(4)讲解切换台操作要领和注意事项,指导学生分组训练切换台操作。

(5)讲解录像机操作要领。

(6)讲解音频系统操作要领和注意事项,指导学生分组训练音频系统操作。

4. 实验步骤:

分组进行,逐次轮换。

(1)摄像组:负责操作摄像机,在实验中任摄像师。

(2)导播组:负责操作切换台,在实验中任导播。

(3)录放像组:负责操作录放像机,在实验中任编辑。

(4)演播组:在实验中担任演员工作。

5. 要求

(1)读懂系统图,明确系统各种设备的作用和功能。

(2)掌握摄像机各开关和手柄的功能,以及操作的基本要领。

(3)掌握切换台工作母线、手柄和各种按键的功能以及操作要领。

(4)注意与其他工作人员保持通话联系和协调关系。

6. 作业

写500字论文一篇:《对EFP系统的初步了解》。

实验二:EFP系统操作训练:节目制作规程训练

1. 实验时间

约为第6周,时间3课时。

2. 目的

(1)逐步熟练演播厅EFP系统操作。

(2)逐步熟悉EFP系统的准备工作,养成良好的工作习惯。

3. 实验内容

(1)摄像机调整:黑、白平衡、后焦距、黑电平等项目的调整。

(2)视、音频技术调整:彩条、1千周的调整。

(3)检查并确认切换台工作母线、手柄、M/E工作状况。

(4)录像机工作程序:磁带带头记录标准、黑场、彩条、1千周等。

(5)导播和摄像师试通话。

(6)摄像机机位讨论。

4. 要求

(1)较熟练掌握摄像机、切换台等设备的操作。

(2)EFP系统分工之各角色训练,进入角色,营造导播气氛。

5. 作业

写500字论文一篇:《EFP系统分工之各角色初步体会》。

实验三:新闻演播演练

1. 实验时间

约为第10周,时间3课时。

2. 目的

在熟练EFP系统操作的前提下,进行新闻演播的训练,领会新闻直播的特点。

3. 实验内容

(1)分组:摄像师、导播、编辑、播音员。

(2)预先做新闻播出的串联单、逐条新闻的录像。

(3)按照新闻串联单的顺序进行新闻播出演练。

(4)分组进行,其间组织观摩和讲评。

4. 要求

(1)较熟练掌握摄像机、切换台等设备的操作。

(2)各成员之间注意相互协调和配合默契。

(3)新闻播出带一份。

5. 作业

(1)写 500 字论文一篇:《新闻播出演练体会》。

(1)每一组做新闻播出带一份,时长 3~5 分钟,播音员口播、新闻条数不少于 3 条。

实验四:短剧、文艺小节目、访谈节目演练与制作

1. 实验时间

约为第 16 周,彩排 3 课时,实录 3 课时。

2. 目的

在熟练 EFP 系统操作的前提下,进行各种电视节目现场制作的训练,领会不同节目制作的特点。

3. 实验内容

(1)分组。同学根据节目的不同形式分若干个摄制组,组内分:摄像师、导播、编辑、演员、被采访对象等,可轮换进行训练。

(2)短剧片断(3~5 分钟)、文艺小节目(2~3 个,3~5 分钟)、访谈节目片段(5~8 分钟),亦可自定题目。

(3)在实验课前必须做好 3 讯道现场制作导播方案设计。

4. 要求

(1)以实习作业文字本为工作台本。

(2)认真合作,认真走台和彩排,力争一气呵成完成工作带制作。

5. 步骤

走台(课余时间)、带机彩排、实录(各 3 学时)。

6. 作业

(1)3 讯道现场制作导播方案设计。

①文学本(故事梗概);

②分镜头本;

③场景平面图、机位图(亦可合二为一);

④导播方案阐述(500 字)。

(2)节目录像带(3~5 分钟)观摩讲评。

关于《电视现场制作与导播》实验的实践介绍

一、概述

电视编导班经过5个学期的学习（此学期为大三年级第一学期），基本掌握了ENG摄像机的拍摄操作、非线性编辑的操作，大致了解了切换台的功能和作用。经课堂讲授、典型EFP制作的电视片观摩和评析、江苏电视台新闻和综艺演播厅的视频、图片介绍、参观江苏电视台综艺演播厅，大致了解了电视EFP制作方式的原理、作用和功能，但是没有进行过EFP方式的实际操作和演练，只是在印象上和理论上有一点粗浅的认识，离电视台的要求相去甚远，更谈不上教学与实践接轨。

电视EFP制作是当今电视台的主要节目制作方式，也是衡量一个电视台技术和艺术综合实力的标准，没有实际的操作实践，仅仅凭教师以各种方式的讲解、书本知识和走马观花的参观，是绝对掌握不了的。目前各承担电视教学的学院或学校已经清楚地了解了这一状况，纷纷建设本校的演播厅EFP系统，以利于教学实践，提高学生的动手和动脑能力，在理论和实践的结合上，使学生真正掌握电视EFP制作方式。这也是办学资质的硬件标准之一。

借助江苏广播电视学校新建的3讯道EFP系统演播厅，笔者所带电视编导班29位学生于12月21日至23日，利用三个半天，在指导教师汪洋、助理教师陈前远的带领下，进行了EFP制作方式的操作，访谈、文艺小节目的EFP制作，重点进行了摄像师和导播工作步骤、程序、要领等方面的操作、演练和实拍。

二、实验设备系统

EFP制作系统一套，包括：

(1)摄像机、18×7电视变焦镜头、摄像机CCU、变焦聚焦伺服手柄、三脚架，共计3套，其中一台摄像机带题词器；

(2)10路数字视频切换台1台；

(3)46吋电视监看分割屏2台，14吋彩色监视器10台，技术监看示波器1台；

(4)广播级录像机2台；

(5)10路音频调音台1台，话筒2只；

(6)字幕机1台；

(7)通话对讲系统（带通话包）一套；

(8)灯光照明系统一套；

(9)标准时钟和播出指示系统各一套；

(10)50 平方米演播厅和 30 平方米导控室各一套。

从以上设备系统的情况来看，基本上是一套完整的 EFP 制作系统，符合当今省级电视台的小演播厅 EFP 制作系统。导播和摄像师的工作程序也可与省级台接轨，可以进行电视节目的 EFP 制作和录制，只要将音视频 PGM（节目）信号送电视播控中心，可以直接进行直播。

二、实验目的与要求

指导学生学会使用 EFP 系统进行电视节目的现场制作，领会 EFP 系统中各种分工岗位的职责，以及相互时间的配合和协调，以增强团队精神。运用课堂上所学的理论知识，结合 EFP 系统中各岗位的工作性质，进行实践操作演练，以完成各种不同形式的现场制作任务。

学生应学习并掌握有关电视节目制作技术的理论知识，能够了解摄像机、录放像机、特技切换台等设备的操作要领，以便在教师的指导下，对理论知识进行实践和消化，使理论和实践很好地结合起来。在基本技能上要求学生必须在实验教师的指导下，能正确地、安全地使用摄像机、录放像机、切换台等设备。

三、实验组织

根据每次实验的具体要求，可将学生分若干小组，5～6 人一组。可视 EFP 系统分工岗位的情况进行分配，例如可分为：导播 1～2 人，摄像师 3～4 人，录放像编辑 1～2 人。

四、实验内容：

具体分为三个实验，详情如下。

实验一：EFP 制作系统介绍和操作（12 月 21 日 13:30—16:00）

1. 系统讲解

音、视频系统，灯光照明系统，通话对讲系统，播出指示系统，艺术监看和技术监看系统，时钟和周边设备等，重点是摄像机和切换台介绍。

2. EFP 摄像机操作讲解和演练

重点是与 ENG 摄像机操作的不同点、变焦、聚焦的后操纵、返送开关的运用、播出指示、三脚架的操作。

3. 切换台操作和演练

重点是 PGM（节目）母线、PVW（预监）母线、特技手柄的运用，MIX（混合）、WIPE（划像）等特技的运用和操作等。

4. 访谈节目的演练和拍摄

根据电视 EFP 制作方式将学生分为演出、摄像师和导播三个工种，轮换进行 EFP 制作方式的演练和操作，指导教师根据演练情况适时实地地进行讲评、答疑和分析。

主持:顾丽

嘉宾:刘晓黎、柯钟杰

摄像师:1号机——朱倩,2号机——陆剑,3号机——祁飞

导播:王晓怡

镜头分配:1号机给主持人中近景,2号机给主持和嘉宾全景,3号机给两位嘉宾的全景,当一位嘉宾说话时,根据导播要求,推至说话嘉宾的中近景。

拍摄程序为:演练、导播分镜头、实际录制

指导教师提示导播,可制定多种方案。上述一种是主持人坐一边,两位嘉宾坐一边,摄像机机位是按上述坐法布置。如果改成主持人坐中间,两位嘉宾分坐两边,那么摄像机位和镜头的分配就要随之改变。

5. 拍摄效果和分析

(1)从整体上来看,导播能够在教师的指导下进行分镜头工作,也能够进行镜头的硬切工作,画面的编辑为硬切,还不敢使用特技手柄。毕竟是第一次上切换台,学生感到紧张,镜头连接时有摄像师调度镜头时的不稳定画面;切换不果断,画面的连接点明显落后于现场;也不能主动调度摄像师,基本上是摄像师给什么镜头就用什么镜头。

(2)1号、2号摄像师因为是固定镜头的拍摄,所以工作量较轻,显得较为自在;3号机因为要在嘉宾说话时,从两人的全景推到说话人的中近景,因此显得较为紧张,变焦也显得较快,没有掌握好节奏。录制结束后,3号摄像师说很累。

(3)教师评析:根据节目的实际情况,指导学生导播将重点放在2号和3号机上,1号机在拍完主持人的开场白后,基本上是拍摄主持人的反应镜头,可以较少去关注,这样就可以在2、3号机上来回切换,减轻了观察监视器和判断用哪一个镜头的工作量,切换也就主动和果断了。指导教师要鼓励导播行使职权,大胆调度摄像师,果断进行镜头的切换,不要犹豫。

指导摄像师进行变焦速度控制的训练,注意手位的轻重缓急和摄像机的操作相互配合,不要对镜头进行急推和急拉。指导摄像师在导播未切换本机时,如何调度本机镜头,在导播切到本机时,如何进行变焦和构图。

6. 文艺小节目的排练和拍摄分析

经过排练,感觉演播厅的面积过小,不适合该节目的演出和拍摄,因此决定在回校后另行考虑节目内容,以适合现场的演出和拍摄。

实验二:访谈、文艺小节目的演练、拍摄(12月22日13:30—16:00)

1. 王晓怡组的文艺节目改成访谈节目,全体人员观看节目的走台

2. 实拍

主持:王晓怡

嘉宾:谭燕青、王巧、李玲

摄像师:1号机——王晓艳,2号机——朱倩,3号机——孟云

导播：钱文娟、陆剑

节目为谈话和脱口秀的形式，因为有绕口令之类的表演，学生自带了笔记本电脑，在助理教师的帮助下，接上现场的题词器，便于学生记词表演。

镜头分配：与前一天的节目相比，稍有难度，但形式相差不大。1 号机给主持人中近景，2 号机给主持和嘉宾全景，3 号机给三位嘉宾的全景。当一位嘉宾说话时，根据导播要求，推至说话嘉宾的中近景。

3. 录像观摩与评议

在观看了节目的拍摄和重放录像后，指导教师指出：

(1)摄像师要正确理解导播切到本机时保持“不动”的意思，这是要求摄像师尽量在导播切到本机前，调度好自己的画面构图，是指“不要乱动”，而不是否定运动镜头、否定镜头的推拉摇移。指导摄像师在导播切到本机时，本机构图尚未完成，应该如何调整自己的构图；指导摄像师在导播未切到本机时，如何通过“看返送”，给出导播可能需要的镜头。

(2)指导导播放松心态，不要紧张，眼睛主要观察电视屏幕的画面，以余光扫视切换台，力争不用看切换台上的母线，用手指辨别 3 个讯道的按键，这样才能看到并把握应该切换的时机，准确地切出画面；要不时地提醒摄像师注意画面构图，及时调度摄像镜头。

4. 摄像师培训

拍摄过程中指导教师发现学生摄像的基本功不够，部分学生操作过 ENG 摄像机，几乎没有一个学生进行过 EFP 摄像机的操作，因此，集中摄像师进行摄像构图、镜头的推拉、聚焦、运动镜头和构图调整、三脚架调整等基本功训练。首先，指导教师进行了摄像机镜头推拉、构图等操作的示范，要求学生进行学习操作，并提出要求：

(1)不要以为演播厅摄像师只要完成构图和聚焦任务即可，要求每一个摄像师松开三脚架锁紧装置，双手始终放置在聚焦和变焦手柄上，时刻准备给出导播需要的镜头。

(2)摄像师要和导播密切配合，不要认为摄像师是被动的，导播要什么镜头就给什么镜头，要主动给导播构图好看的镜头。

(3)导播不切本机时应迅速调整镜头，调整构图，以备导播切换。导播切到本机时，响应导播的要求，当导播要求推拉镜头时，镜头运动要稳，不晃、不抖。

(4)导播应该具备摄像师的基本素质，熟悉画面构图和镜头编辑，要求所有人员进行摄像师的训练和考核。

通过训练和考核，学生对于操作 EFP 摄像机镜头的聚焦、变焦有了一定认识，指导教师也对学生的基本情况有了一定的了解。

实验三：导播示范和操作演练(12 月 23 日 13:30—16:00)

1. 摄像师操作讲评

强调摄像师的主观能动性。

2. 导播切换工作讲评

要求导播在拍摄过程中大胆调度摄像师，经常在通话系统中对摄像师提出要求。

3. 导播工作示范

根据学生两天实践操作时暴露出来的问题，指导教师进行了导播工作的示范，要求学生注意观察教师的举动、语言，了解导播在拍摄中应该如何调度摄像师，如何进行切换台的操作。

表演：纸牌魔术

表演者：刘晓黎

主持：尹吴雯

导播：指导教师汪洋，指定导播助理谭燕青，要求她注意观察示范教师的一举一动、一言一行。

(1)首先由导播选定摄像师，根据昨天的摄像师培训，选定：1 号机——徐丹，2 号机——柯钟杰，3 号机——王巧，并叙述选择理由。1 号机选徐丹，是因为该生连 ENG 摄像机都没有用过，基本上是一张白纸，将她放在 1 号机上是因为 1 号机只要给出一个固定的主持人的图像即可；2 号机选柯钟杰，他操作过 ENG 摄像机，比前一学生稍好，由她操作 2 号机是因为 2 号机给全景，偶尔推拉镜头；3 号机选王巧，该生有一定的摄像机操作实践，要求拍摄魔术表演者的手部特写。选择摄像师也是导播的一项工作，要根据节目的形式、根据摄像师的不同素质来进行选择。

(2)镜头分配：1 号机拍摄主持人，在魔术进行中可以给主持人的反应镜头，并给出镜头推拉的上下极限；2 号机拍摄两人全景，可以适当地推拉镜头，但不要推到一个人的身上，始终保持两人镜头，并给摄像师指定变焦范围；3 号机以表演者的中近景为基础，可在表演时推到表演者的手部特写，注意将手置于画面的中央。

(3)指示各位摄像师将变焦镜头推到最大，聚焦，然后拉出来构图，并说明其原因是为了镜头的推拉运动时保持焦点的基本清晰。

(4)导播和摄像师就位，导播发出“摄像师戴耳机”的指示，并指定 1 号机摄像师指挥演出的开始和停止。

(5)导播将切换台节目母线切到 2 号机全景画面上，询问现场是否准备就绪，得到肯定回答后，指令 1 号机摄像师发出“开始”命令。

(6)导播在预监母线上轮换切出 2、3 号机的画面，适时进行混合特技的切换。根据节目的形式，以 3 号机表演者和 2 号机两人全景镜头的切换为主。

(7)导播发出指令，要求摄像师不断调整画面的构图，哪怕是很细微的调整，直至节目结束。例如，指令 3 号机从表演者的中近景推到手部特写，让观众看清魔术师的手部动作。镜头运动时提示摄像师将手放置在画面中央，并告诉身边的学生，导播要多说话，及时地提示摄像师。

4. 示范讲评

主要说明导播每一项动作和行为的原因和必要性，指出：

(1)导播的指令必须清晰果断、干脆明白不要拖泥带水。例如,说“开始”,就很干脆,不要说“开始吧”,语言里似乎还有讨价还价余地。指示要清楚、具体,不要含糊不清。例如,在指令摄像师推特写镜头时,要具体说明推到脸部还是手部,指令要让摄像师好操作。

(2)导播在切换中要有自己的主见,要有自己的风格。例如,可全部使用硬切或混合特技,也可交叉使用。

(3)不论使用何种切换方式,判断要准确,切换要果断,当然这种判断和果断是建立在对构图、画面编辑以及节目方式的熟悉程度上的,而不是胡乱瞎切。

(4)导播对摄像师应调度频繁,要多说话,多给摄像师一点指令。

5. 节目依旧,按照以上导播工作的程序,分组进行拍摄

第 1 组导播谭燕青,第 2 组导播顾倩,第 3 组导播王晓怡,第 4 组表演者换为祁飞、陆剑和顾丽,导播刘晓黎;各组摄像师由导播选定,基本上满足了全体学生的上机要求。

6. 小结和讲评

指导教师根据各组的拍摄情况进行小结和讲评,指出:

(1)第 2 组导播顾倩的切换干脆果断,不拖泥带水。经询问得知顾倩有拍摄经验,进行过多次拍摄,画面构图也好,有基础,这说明导播应该具备摄像师的基本素质。

(2)第 1、3 组的导播切换犹豫,自述想用混合特技,但又不敢用,而且还紧张。教师给予鼓励,指出不要怕出错,学生时代,不出错是奇怪的事,出错才正常。

(3)第 4 组导播刘晓黎有较好的拍摄经验,曾经拍摄过自编自导的小电视剧,但上机后说较为紧张,电视画面看不过来,看清画面后感觉吃不准自己的判断,来不及反应,来不及切换。教师指出,这说明上机训练的次数较少,还不是很熟练。提示他注意切换的手位,如果是硬切,那么可以基本不看切换台,手的三个手指:食指、中指和无名指分别置于切换台节目母线的 1、2、3 号按键上,记住每个指头对应的按键,眼睛不看切换台,只看电视屏幕,判断要选择的摄像机镜头,再按下按键,这样就不会又要看切换台,又要看屏幕。如果用特技手柄,一只手还是采取上述的手位,但要兼顾节目母线和预监母线,注意上下移动时不要错位,另一只手控制手柄,只不过用眼睛的余光扫视切换台的节目、预监母线。这就比硬切难度大了,要有一定的训练才可能临场不乱。这也说明一个导播的功力不可能一日练就,需要长期的训练和实践。

7. 布置作业

写出实验的感受和体会,字数在 500 字以上。

五、感受和体会

(1)指导教师虽然知道实践和实验对于《电视现场制作和导播》课程的重要性,但是没有想到三个下午的实验课对于学生是如此的重要。学生反映课堂上教师讲了很多,运用了大量的视频、照片和图片进行 EFP 制作方式的讲解,但是学生真正的理解和感受很少。通过实验课,才真正体会到课程内容的真谛,才能真正理解教师的经验之谈完全是来源于实践。这说

明实验课的成功之处在于让学生将课堂上所学的知识和实际结合，才能真正掌握所学的东西。

(2)在指导教师临场指导的条件下，以前一些由于种种原因没有机会实践的学生，在教师鼓励下拿起机器进行拍摄，尤其是一些女生，开始品尝到了动手的快乐，加上指导教师的现场指导，学生动手的积极性也大有提高，也开始有了一定的成就感。

(3)教师现场指导的教学效果是课堂讲授远远做不到的。学生的理解和操作哪怕有一点微小的瑕疵，教师也可以指出并要求其改正，给学生以十分深刻、强烈的印象，收到事半功倍的效果。例如，课堂上讲解 EFP 摄像机的返送开关的功能和作用时，教师讲得很详细，但是学生听得似懂非懂，理解也很浅显，甚至很快就将其丢在脑后；但是在实验课上，对照摄像机返送开关的具体位置，对照导播的切换，再进行实际操作，学生对这一开关的功能和作用的理解就非常深刻了。通过实验课，摄像师明确了这一开关的作用，并学会了使用，导播也学会了指令摄像师及时看返送以给出好的构图。教师也省力，稍加点拨，学生就理解了。所以，实践课对于广播电视专业的教学是十分重要的。

(4)教师在课堂上利用多媒体进行视频、图像、照片等现代化教学手段进行教学当然是十分必要的，但是绝对不能替代实践和实验课。因为广播电视专业本身就是一个实践性很强的专业，要求培养的学生能够既动脑又动手的能力。这也是当今电视台对电视教学机构的要求，要求广播电视教学要和电视台的实际工作进行接轨。例如，在实验课上，学生担当导播在指令摄像师推魔术表演者的手部特写时，仅发出“3 号机推特写”的指令。指导教师在一旁看见，立即纠正：“指令应十分具体，便于摄像师操作，推特写应说明推什么的特写，这里应发出推手部特写的指令，否则摄像师会有理解误区。”这样的细节纠正和说明是不可能在课堂上提起的。

(5)电视台的工作程序十分繁杂，并具有很多细节，教师的实践经验再强，水平再高，也不可能面面俱到。实验课可以满足学生对于电视台工作细节的好奇心和求知欲，这也可以使教师放下熟视无睹的习惯，详解电视台的工作细节。例如：节目准备好了，导播要求开始，这一指令如何传送到演播厅里的演员。电视台的习惯：一是标准时钟指定开始的时间；二是由一个摄像师通过通话耳机，传达导播的指令。摄像师只要用一个“OK”手势就可以指挥演员开始，这在课堂上，教师是不会说到此事的，只有在实验课上指导学生时才会说到这一细节。

六、需要注意之处

(1)组织好学生是一个难点，既不能放任自流，又要让学生自行组合，而且要考虑到让每个学生都有上机实践的机会。指导教师必须高度集中注意力，既要对学生在实验中出现的问题进行答疑解惑，又要注意不要冷落一些不太主动的学生，鼓励他们积极上机实践。

(2)按照《电视现场制作与导播》教学大纲要求，实验课和理论课应交叉进行，以便于学生理解。

(3)这样的任课教师很累，希望有助理进行辅助。助理应是十分熟悉演播厅系统的内行，应了解电视制作程序的各种细节，明确教材和实验的内容，能够解答学生的提问。